数字媒体技术下博物馆公共教育创新实践研究

吴 浏 著

中国纺织出版社有限公司

图书在版编目(CIP)数据

数字媒体技术下博物馆公共教育创新实践研究 / 吴浏著. --北京:中国纺织出版社有限公司,2020.11
ISBN 978-7-5180-8091-5

Ⅰ. ①数… Ⅱ. ①吴… Ⅲ. ①数字技术—多媒体技术—应用—博物馆—社会教育—研究 Ⅳ. ①G266-39

中国版本图书馆 CIP 数据核字(2020)第 209617 号

责任编辑:姚　君　　责任校对:高　涵　　责任印制:储志伟

中国纺织出版社有限公司出版发行
地址:北京市朝阳区百子湾东里 A407 号楼　邮政编码:100124
销售电话:010—67004422　传真:010—87155801
http://www.c-textilep.com
中国纺织出版社天猫旗舰店
官方微博 http://weibo.com/2119887771
三河市宏盛印务有限公司印刷　各地新华书店经销
2020 年 11 月第 1 版第 1 次印刷
开本:710×1000　1/16　印张:12.75
字数:220 千字　定价:68.00 元

前　言

随着素质教育和终身教育的大潮兴起，单纯的学校教育已经很难满足社会对于人才的需求。博物馆教育正在社会教育和素质教育中扮演越来越重要的角色。博物馆不仅是一个充满思想、智慧的地方，而且是一个被精心设计过的系统。博物馆的教育体系就是该精密系统中的一个子系统，它是由博物馆给公众提供的一种不同层次、不同形态和不同类型相互联系的教育服务的系统。一直以来，博物馆的社会公共性主要通过其教育职能来体现，尤其是一些博物馆的公共教育部，往往联系着以博物馆之友和捐赠人为代表的各方社会资源，致力于博物馆促进公民教育、促进社会文明进步的核心任务和使命。博物馆具有实物性和直观性的特点，这是学校教育所缺乏的。学校里知识的传递主要靠语言文字，语言文字之所以有意义，在于它与个人经验的连结。博物馆学习是基于真实问题的，在具体情境中开展的，与学习者的经验世界直接相关联，有助于实现知识的迁移。在博物馆里，学生观看和触摸各种藏品实物能留下比课堂更深刻的印象。在博物馆的开放空间里，学生可以展开实践、讨论、表演等，体验自由的社会化学习方式，激发学习兴趣，培养探究问题的能力。

在信息时代的当下，互联网、计算机和移动设备的普及为人们的生活带来了很多便利，也为博物馆公共教育创造了重大的机遇。现代化科技手段为博物馆建设提供了前所未有的发展契机，从日常办公到资料存档，从文物科研到陈列展示，从向大众开放到主动为大众服务，从参观浏览到互动体验，从互联网到物联网应用，数字化已经成为现代博物馆的主要特征。数字博物馆已经成为提升博物馆功能、向公众普及科技文化知识、提高全民科学文化素质的重要场所。现今博物馆大多拥有自己官方网站，网站上有各种场馆信息。私人或是公开的社交平台也使博物馆和观众之间的交流方便快捷。快速发展的博物馆信息化和博物馆数字化打破了参观的时间限制和空间限制。博物馆利用拍摄、扫描、特效制作等技术将馆藏转化为数字信息，方便公众随时随地无障碍地查阅、参观和体验。一些实力雄厚的博物馆、科技馆已经打造起资源共享、系统集成的统一技术平台，通过数字技术将科研、展示、教育、宣传融合于一体，既丰富了博物馆的展陈开放形式，也实现了对公众的全天候文化信息服务，创造了让公众从网络了解博物馆，走进博物馆，自觉参与博物馆文化活动的良好互动环境。科技的发展推动了数字媒体技术的不断完善，而博物馆在诞生之初就决定了它在人类发展中的作用，所以在增强博物馆公共教育的基础上，对数字媒体技术的具体功能需求进行探索，从艺术的角度进行设计、从技术的角度进行研究分析；以人为本、力争达到艺术和技术的完美结合。由此，作者撰写了《数字媒体技术下博物馆公共教育创新实践研究》一书。

本书共六章内容。第一章是博物馆公共教育概述，主要阐述博物馆公共教育的内涵和特点、理念与实践，博物馆公共教育内容，博物馆公共教育与跨界融合。第二章研究数字媒体技术下的博物馆，先介绍数字博物馆的内涵、作用与功能、发展趋势、服务新模式，在此基础上探讨数字媒体技术下不同类型的博物馆公共教育、博物馆陈列展览与公共教育。第三章对数字媒体技术下博物馆的公共教育职能进行研究,主要讨论数字媒体技术下博物馆对公众的教育、对学龄前儿童的熏陶、对青少年的培养、与高校的合作教学、对残障人群的教育。第四章是博物馆公共教育中的数字媒体技术,主要介绍博物馆公共教育中数字媒体技术,由此分别阐述基于图像的技术、WIKI 技术、物联网技术、云计算和大数据、移动终端在博物馆公共教育中的应用。第五章是数字媒体技术在博物馆公共教育中的应用实践,探讨跨媒体在博物馆公共教育中的应用、非物质文化遗产的保护、少儿移动应用在博物馆公共教育中的应用,同时特别研究了数字媒体技术在陶瓷工业遗产博物馆中的应用。第六章是数字媒体技术下博物馆公共教育实践案例,就数字媒体技术下国内外博物馆公共教育实践进行分析。

本书的创新之处在于把数字媒体技术的研究细化到博物馆的公共教育职能中去,明确提出了博物馆的教育职能应用研究与数字媒体技术结合的可能性。作者试图寻找博物馆教育的发展策略图,利用数字媒体技术更好地展示和创造博物馆的“教育价值”,使之成为博物馆、教育资源与服务以及使用者三方面互动的核心。为了将国内外优秀数字博物馆的发展经验引入读者的视野,书中特以日本 teamLab 项目、美国博物馆、加拿大博物馆以及我国的北京故宫博物院、台北“故宫博物院”和中国农业展览博物馆等为案例进行相关问题的例证分析,以便让读者形成更为直观的感知和感受。值得一提的是,作者在对景德镇博物馆如何借助数字媒体技术提供开放学习的研究基础上,结合“互联网+”战略实施背景,从多角度提出提升博物馆公共教育职能的数字艺术策略。当前,景德镇博物馆以陶瓷类博物馆为主,工业遗迹类博物馆为辅,其主题多围绕陶瓷进行展开,在宣传陶瓷历史文化和技术方面具有得天独厚的优势，通过数字媒体技术研究景德镇博物馆在公共教育中的认知领域、情感领域和技能领域等方面的应用策略，归纳总结理论依据，打造当代景德镇博物馆形象对景德镇抢抓机遇、发挥优势、深化开放、振兴发展具有理论和现实意义。

本书可以为研究博物馆教育功能方面的专家、学者和工作人员提供一定的参考和借鉴，为在数字媒体技术影响下博物馆的公共教育发展模式提供一个不同于以往研究的学术视角。

本书在撰写的过程中，学习和借鉴了国内外博物馆学、数字媒体技术、展览设计、教育等相关专业的专家学者的研究成果，引用了大量博物馆设计者、教育研究者的案例和相关数据资料，在此对相关作者表示衷心的感谢！由于作者的水平有限，书中难免存在不足之处，恳请读者批评指正。

作　者

2020 年 7 月

目　录

第一章　博物馆公共教育概述

博物馆是社会公众获得终身教育的重要社会教育机构，其各项业务活动都以“教育”为目的进行，而教育活动是其实践教育使命的主要途径。随着博物馆教育功能的发展和中国文化服务体系的大力建设，如何提升教育活动管理水平，成为中国博物馆亟待研究的重要课题。

第一节　博物馆公共教育的内涵和特点

一、博物馆公共教育的内涵

博物馆作为一个文化形象重要组成部分，既要面对公众，还要讲述历史。博物馆所具有的公共性，使它成为全体国民都可以享受终身教育的永久机构。博物馆的收藏、研究的目的就是教育，博物馆的直观性使其在满足公众教育方面发挥着重要作用。从当今世界范围来看，博物馆在收集、保存、研究、展览、教育、娱乐等诸多功能中，教育功能越来越受到重视，成为现代国民教育体系的重要组成部分，其教育使命是激发全体民众潜在的学习欲望，扩展其眼界，增长其知识，协助和促进民众的成长。事实上,欧美博物馆的宗旨或使命中,基本都包含了“教育”这一主要内容,以“教育”为其主要使命。美国是目前博物馆教育最为发达的国家之一,几乎每家博物馆的建馆宗旨都包含了“教育”。博物馆通过明确教育使命,从而确定了机构及其教育部门应承担的责任和义务,确立博物馆在社会中的地位和生存价值,为其长远发展注入了恒久活力。

1753 年建立的大英博物馆在“保存和诠释人类历史”的宗旨下,其教育使命为——对人类文明中的所有艺术和知识进行系统整理和研究,并让人人有机会接触人类的历史文物,从中获得知识和快乐。

1793 年 7 月 27 日,法国政府决定将巴黎卢浮宫改建为共和国艺术博物馆,同年 8 月 10 日向公众开放。“法国大革命开创了博物馆社会化的起点,过去仅供宫廷和封建贵族赏悦的珍藏室,转化成为社会公众服务的博物馆。博物馆工作逐步成为一种独立的社会职业,博物馆事业成为国家文化教育事业的一个组成部分。”❶

1846 年成立的美国史密森博物学院的使命是“增长知识,传播知识”。旗下的国立自然博物馆(National Museum of Natural History)强调其建立的目的是教育大众及增长知识,并以“了解自然界及我们的生存环境,探讨自然界的变迁,并呈现人与环境的互动关系”为教育使命。而史密森旗下的国立邮政博物馆(National Postal Museum)的教育使命则是“运用学习理论和技术激发不同类型观众对于邮政历史、集邮和相关话题的思考”。

建于 1870 年、美国最大的艺术博物馆——大都会艺术博物馆的宗旨是收藏、保存、研究、展览代表全人类最广泛、最高成就的艺术品,促进艺术品的鉴赏和相关知识的传播;所有的工作都参照最高的职业标准,以服务公众为目的。事实上,自建立之初,“教育”就是该馆的建馆宗旨之一。其教育使命是:培养民众对艺术的理解力和欣赏力。

位于巴黎、建于 1937 年的法国发现宫(Palaisdela Decouverte)作为世界上最知名的科技馆之一,其教育使命是唤起社会大众对科技发展的关心,发扬科学精神,

❶ 王宏钧.中国博物馆学基础[M].上海:上海古籍出版社,2001:65.

培养严谨、精密、真实、批评和自由思考的科学态度,引导青少年发展科学能力和兴趣,协助民众以健全的态度去适应现代科技新世界。

为了促进和推动世界各国对博物馆和文化事业的关注,国际博物馆协会(ICOM,International Council of Museums)于1977年5月18日将每年的此日确定为国际博物馆日。从1992年起,每年确立一个博物馆日的主题。从近年的主题来看,博物馆不再只是关注于自身藏品的展示,而是更关注如何让藏品真正与观众的知识、情感、精神产生对话和沟通,如何通过藏品实现对公众心灵抚育、创造力激发、审美趣味提升等教化作用,从而全面发挥其促进社会和谐与民主的价值。由此可见,博物馆的教育功能在当今又具有了新的内涵和使命。

2007年8月24日,国际博物馆协会(ICOM)在维也纳召开的全体大会修改了《国际博物馆协会章程》,对博物馆的定义进行了最后一次修订,其内容是:"博物馆是一个为社会及其发展服务的、向公众开放的非营利性常设机构,为教育、研究、欣赏的目的征集、保护、研究、传播并展出人类及人类环境的物质及非物质遗产。"❶定义将博物馆的"教育"功能调整到了第一位。这不仅仅是顺序的变换,更是其服务内涵和服务重心的历史性变革。教育是博物馆的核心使命,已经成为博物馆界的共识,并得到了社会的认同。

教育是博物馆的主要目的和功能,博物馆作为一种社会教育机构是整个西方社会所普遍认可的事实。这主要表现在以下几点:第一,博物馆将"教育"置于其公共服务角色的中心。作为现代社会标志之一的博物馆,头上戴有各种美丽光环,但首先是作为教育和文化机构而存在。1984年美国博物馆协会发布了《新世纪的博物馆报告,将"教育"认定为博物馆的首要目标。1992年,美国博物馆协会继续致力于强化博物馆的教育角色,推出了《杰出与公正:博物馆教育与公众认识》报告,该报告鼓励博物馆将"教育"放在公共服务的中心。第二,博物馆应成为普通人的教育场所。早在1880年,美国学者詹金斯在其《博物馆之功能》一书中即如此明确指出。1906年,美国博物馆协会成立时宣称"博物馆应成为民众的大学"。全

❶ 宋向光.博物馆服务要关注观众的核心需求[N].中国文物报,2007-01-26.

世界最大也最具影响力的博物馆群——史密森博物学院,它努力通过呈现多元文化产品和服务来吸引多样化的观众。另外,克利夫兰艺术博物馆的第一任馆长威廉·马舒森·米尼肯是美国著名的教育改革家,他奠定了该馆重视公共教育的传统。第三,博物馆是非正规学习的绝佳场所,其"第二课堂"的角色和地位已为国际社会所认可。博物馆教育与学校教育的不同之处在于,学校教育是正规/正式教育,表现为强制性;博物馆教育是非正规/非正式教育,表现为非强制性。学校教育以课堂教学为主,形式比较单一;博物馆教育形式则灵活多样。学校教育的对象分类明确;博物馆教育的对象则极为广泛。时下,博物馆与学校的功能完全可以互补,博物馆能提供真实的对象,如想法、程序、自然环境与历史的实体范例,而教室里的经验常常局限于课本、讲授内容、媒体与一些简单的动手做实验,当两个机构一起合作,便能为青少年提供绝佳的教育机会,也推动双方建立稳固而有意义的关系。第四,博物馆成为终身教育的大学堂。博物馆教育是一种社会教育,属于终身教育的一部分。从幼童到退休老人,大家都可在馆内得到持续学习。而博物馆作为"再教育"或"继续教育"的重要基地也已为西方公众所广泛接受。事实上,单一的、阶段性的学校教育如今已不能完全满足社会就业的需要,而"活到老,学到老"却成为当下潮流,同时社会也呈现出学习型发展趋势。终身教育的兴起,必然要求有相应的机构来满足这种需求。作为公共文化设施并拥有大量教育资源的博物馆成了全面提高公众科学素质的重要场所。

博物馆引进中国伊始,其公共观念就被纳入近代中国博物馆职能的启蒙话语之中。19 世纪后期至 20 世纪初,一些在华活动的欧美人士开始以西方博物馆模式在中国境内创建博物馆,其活动特点是公共化,借助博物馆实体实物传播简单观念,并在某种程度上冲击了中国传统以"私"与"藏"为核心价值的置物体系,构建起了最初的博物馆公共教育功能,如上海博物院(1874 年)、上海格致书院博物馆(1874 年)、烟台博物院(1876 年)等。[1]

20 世纪 50 年代后的博物馆公共教育职责更加明确,根据具体时期社会需要内

[1] 吴晓欧,郑金鹏,肖湾.中国博物馆公共教育中的美育历程[J].中国民族博览,2017(2):229-231.

容有所不同。例如,1951 年 10 月文化部颁布的《对地方博物馆的方针、任务、性质及发展方向的意见》中明确提出“博物馆事业的总任务是进行革命的爱国主义教育,通过博物馆使人民大众正确认识历史,认识自然,热爱祖国,提高政治觉悟与生产热情”。

1979 年 6 月,全国博物馆工作座谈会通过的《省、市、自治区博物馆工作条例》继续沿用“三性二务”定义博物馆及其功能,同时将科研、教育、文物标本收藏的旧顺序,改为文物标本收藏、教育、科研的新顺序。

1988 年中国博物馆协会社会教育专业委员会成立,主要职责是研究博物馆教育理论和推动博物馆教育活动的开展,对我国博物馆教育与文化活动的蓬勃发展起到了积极作用。

自 2008 年我国博物馆面向社会免费开放以来,越来越多的观众走进博物馆,这给博物馆带来了新的机遇,也带来了前所未有的挑战。博物馆在传承历史、展示中华文明的同时,也担负着教育下一代、传播中华民族优秀传统文化、提升国民文化水平的重任。❶

2015 年 1 月 14 日国务院第 78 次常务会议通过的《博物馆条例》规定:“博物馆是指以教育、研究和欣赏为目的,收藏、保护并向公众展示人类活动和自然环境的见证物,经登记管理机关依法登记的非营利组织。”我国首次将博物馆的教育功能凸显出来,与国际社会接轨。

博物馆是传承人类文明,进行全民教育,提高国民综合素质的重要教育机构,是学校教育的补充和延伸,也是公民的终身课堂。博物馆公共教育是一种特殊的社会教育形式,是为满足自我完善要求而组织的非强制性教育活动或行为。对于每个公民来说,从小就开始对其进行博物馆教育的培养,对于提升国民的整体素质,传承中华传统文化有着重要的作用。由此可见,博物馆与公共教育是相辅相成的,博物馆是公共教育的补充和延续。❷

---

❶ 孙玉伟.博物馆公共教育队伍建设的思考[J].河北青年管理干部学院学报,2018(4):111-113.

❷ 侯越.试论博物馆的公共教育职能[J].大众文艺,2016(12):56-57.

二、博物馆公共教育的特点

博物馆的教育形式多样,“无形”与“有形”的教育并存。当公众走进博物馆,它的建筑设计、艺术氛围在潜移默化中就给了公众一种美的教育。这是一种宏观的、“无形”的教育。博物馆“有形”的教育,就是公共教育部门开展的各类公共教育活动。与展示相比,博物馆公共教育活动通常具有以下特点。

(1)多在展厅内举行,或在展厅附近举行,亦可在馆外。博物馆教育活动以展览教育活动为主,因此多在展厅及周边区域举行,但主要视活动本身的属性、预计的观众数量等因素而定。

过去,展厅内的公共活动区域面积有限,因此展厅附近的教室或多功能厅常被用来开展展览教育活动。今天,仍有许多博物馆在延续这一传统。但近 10 年来,博物馆的空间设计有了一定改变,更多公共活动被移至展厅内举行,因此也改变了展厅的某些属性。这样的转变,主要是因为许多博物馆,尤其是在美国,现在更注重将研究、藏品、公共展示(包括展览和教育活动等)三大核心项目加以融合,强化它们的合作用力。

另外,并非每座博物馆现在都拥有独立的探索室、实验室和教室等,尤其是一些中小型馆,有些机构在当初营建时也未规划并预留独立的教育空间。因此,将教育活动适当地移至展厅,例如某个角落,通过“触摸小车/探索小车”“探索抽屉”“探索站”等形式开展活动,不失为缓解空间难题同时将展示和教育功能完满结合的捷径之一。

(2)注重临场体验与实物体验。时下,博物馆公共节目的一大典型特征,即致力于最大化观众与“实物藏品”(包括手工艺品、艺术品或标本)及与“研究”接触的机会。该特征在展览教育活动上体现得尤为明显,这也是为什么现在有越来越多的活动被移至展厅内举行,同时也是博物馆教育活动有别于并凌驾于其他教育类机会和闲暇体验的最大“资产”之一。事实上,许多现代博物馆都采用临场的、实物体验式的教育,诸如透过三维空间造景、情境塑造、遗址复原,使遥远时空的人类历史情景或自然风貌得以重现。邻近实物或是与之“零距离”接触使得一系列展览教育活动更富直观性、实感性以及动态和活力。另外,一些聚焦重点展品的活动和空间,也提供了观众原物复制品并搭配实物,供观众探索。

(3)多采用互动方式,尤其鼓励人与人之间的互动。自导的、探索式的教育有别于教授式的教育,现代博物馆教育致力于引导并激励观众按照自己的意愿和方式去探索。并且,教育活动注重人与人之间的互动,这是其共性。具体则体现在:观众与博物馆引导者之间,该引导者可以是导览员(提供展览导览和解说)、表演人(提供节目表演)或是示范者(提供示范演示);观众与一些引导性展品展项之间,如音频、视频、电脑导览节目;观众与参观小组中的其他观众;观众与其他参观小组。

(4)激发观众情感,给予他们灵感和启发。好的展览与教育活动,不仅激发观众思考,更激发他们感受,充分发挥其五官的力量。一些机构的教育活动通过传播技术与演示内容融合,吸引观众,并鼓励他们调动情感。这在艺术馆中较为常用,并在其他类型的博物馆也越来越多地应用,给予观众启发的、诱导的、寓教于乐的教育机会。通常,情感上的参与更有助于观众收获难忘的参观之旅和体验。

(5)具备机动性,灵活多样,充满动态和活力。教育活动的举办为博物馆展览、藏品和研究都注入了动力。这些活动通常比较灵活机动,以契合观众的需求。例如,某机构星期六下午有大型团体前来参观。日常的演示活动在14:15(高峰时段)开始,但博物馆方面可以根据实际情况,将活动提前至13:30,并在人相对少的空间内举行。这样即使不是该团的观众也可在14点以后,在高峰时段舒适地欣赏展览了。又如,观看专家或是受过训练的志愿者清理化石,远比欣赏一件静态的化石展品辅以如何清理的叙述要来得有趣和有力量。并且,有专家和志愿者在旁,观众还可随时发问,同时有机会在“探索站”内亲手摸一摸化石。

通过形式多样、活泼新颖的教育活动不仅使博物馆公共教育意趣盎然,而且不断激发学习者产生新的兴趣。1999年,法国文化部发起创办了“博物馆之夜”活动,2005年起被推广至欧洲其他国家和地区。2017年圣彼得堡“博物馆之夜”(图1-1)活动于5月20日~5月21日期间举行。活动不仅仅只有博物馆参加,2017年共有109家文化机构参加,包括博物馆、剧院、图书馆、音乐厅等。

图 1-1　2017 年圣彼得堡“博物馆之夜”网页宣传界面

随着博物馆参与社会活动的不断增强，以及信息传播辐射范围的持续拓展，博物馆公众教育的对象已不仅限于到博物馆实地参观的观众，还包括了关注博物馆发展的任何人，或博物馆推送信息的任何接受者。[1]

第二节　博物馆公共教育理念与实践

一、博物馆公共教育理念

博物馆公共教育这一问题是随着博物馆的发展及其从私人收藏场所向社会公众展示、服务场所转变的过程而逐渐产生的。如今，教育已成为组成博物馆众多要素中的一个重要部分。借助于博物馆公共教育，参观者对馆内的展览、陈列、收藏

[1] 张颖岚.博物馆公众教育的梳理探究[EB/OL].(2015-04-27)[2020-07-01].http://www.czmuseum.com/wx/qdefault.php? mod=article&do=detail&tid=13187.

等内容得以进行深层次的理解，进而在理解中获取体验与知识。❶ 虽然博物馆本身即是教育机构，但相对于正规的教育机构——学校，它是非正规的。博物馆作为国民教育的特殊资源和阵地，其教育理念就是要激发出参观者潜在的学习欲望、增长他们的知识、扩展他们的眼界，从而促进国民素质的提高。我们可以从下面几点理解博物馆公共教育理念。

（一）“教育”被置于博物馆公共服务的中心

博物馆凝聚着人类文化遗产的精华，记载着人类历史发展的进程，展现着人类整体文明与智慧，具有独特的教育资源优势。1984 年，美国博协会在《新世纪的博物馆》一书中，称“教育”为博物馆服务公众的主要目标。博物馆展览是一种知识文化的传播，旨在向受众传达观念和思想、信息和知识、文化和艺术，从而促进知识和文化的交流和传播。因此，对博物馆展览来说，科学性和真实性是前提，趣味性和娱乐性是手段，而知识性是核心和目的。

在博物馆的社会教育职能中，公众教育为其核心职能，体现出博物馆的文化责任和教育责任。博物馆公共教育将提高人的素质、促进人的全面发展作为存在的目的和意义。博物馆群体形成了独特的、强大的教育功能，为国民教育体系注入了新的活力。博物馆讲解、博物馆讲座、博物馆教育活动和博物馆教育课程是博物馆常见的教育形式。博物馆讲解是博物馆公共教育基础的教育形式，教学地点在展厅。博物馆讲座是博物馆公共教育重要的教育形式，教学地点在教室、会议室、报告厅等专属场所。博物馆教育活动是博物馆公共教育参与体验式的教育形式，教学地点是“展厅+课堂”。博物馆教育课程是博物馆公共教育与学校教育和家庭教育三者融合发展的教育形式。教学地点：“博物馆+学校+家庭”；施教人员（教师）：“博物馆教师+学校教师+学生家长”；教学内容：“知识教育+技能教育+情感教育”的融合模式。❷

重庆三峡博物馆是保护、研究、展示重庆和三峡地区历史文化遗产与人类环境

❶ 赵延秋.博物馆公共教育模式研究[J].产业与科技论坛，2013(9)：90-91.

❷ 黄琛.对中国博物馆社会教育专业发展的两点思考[N].中国文物报，2017-09-12.

物证的公益性文化教育机构，是弘扬和培育民族精神的重要文化基础设施。2019年6月，重庆中国三峡博物馆推出“重博学堂”2019年度研学实践教育课程，主要目的是通过重庆三峡博物馆的《汉代故事里的悄悄话》与《巴食——我们的祖先吃些啥》项目，让学生近距离观察文物，细致地了解文物的特点，利用多感官体验，主动建构学习，自主挖掘文物背后所蕴含的丰富历史文化内涵，理解人与自然的和谐关系，体会古代劳动人民的勤劳和智慧，感受中华文化魅力，同时增强青少年学生独立思考的能力。通过多媒体的演示，淋漓尽致地展现了我们祖先生活的时代，让学生思考诸如“咱们的祖先吃些啥”（图1-2）的问题。

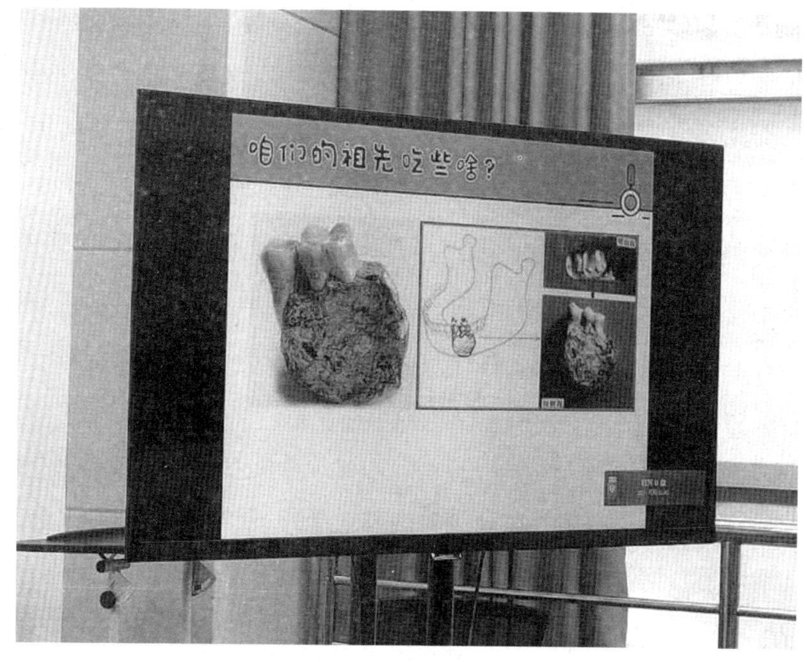

图1-2 多媒体演示的博物馆公共教育形式

（二）博物馆是公众的场所，以全体社会成员为服务对象

过去博物馆只对贵族或特定人员开放，现今则是全民共有、共享。1906年，美国博物馆协会成立之初即宣布其为“民众的大学”。1990年，该协会在给博物馆下定义时，将“为公众服务”与“教育”一起并列为博物馆的The core elements。全世界最具影响力的史密森博物馆更是将自己定位为“全民的博物馆”。博物馆展览

是为普通大众而设计的(尽管事实上不少展览只为学者专家和收藏者而设计),是一种面向受众的传媒。博物馆以全体社会成员为服务对象,以提高全民的学文化素养,丰富广大民众的精神生活,促进人的全面发展为教育使命,处处体现出公益性和全民性。在世界许多国家,博物馆都实行免费或低价对观众开放。博物馆的经费一般都由国家或地方政府负担,或由某基金会提供赞助。许多世界著名的博物馆都有免费参观或对少年儿童、老人免费开放的措施。

通过博物馆免费开放职能的构建,不同类型教育项目的实施,使全民无门槛进入博物馆中体验学习。在这种背景下,可以充分展现出全民学习的积极性、普及性,充分彰显博物馆的教育功能。

(三)博物馆是进行非正规教育的最佳场所

教育"正规"和"非正规"只是一对术语,用来描述是否具有正式课程的教育方式。学校提供了最初级的正规教育,它们拥有明确详细的等级划分制度,通常要求学生出席全部课程,大部分时间都花在了班级、同学以及满足成功晋级的需要上。所谓非正规教育,绝非是无学习目的、无学习计划的学习,它只是和传统的普通学校教育相区别而言的。与正规教育相比,它的学习内容更加多样广泛,学习方式更加灵活,更重视自主学习、自愿学习、体验学习和同伴群体学习。而博物馆即使真的参加到教育活动中来,也是多提供一些非正规的教育方式,它没有从低到高循序渐进的课程划分方式,也没有出席的考勤要求,亦不用在离开博物馆时参加考试以检验学习成果。

博物馆参观学习是非正规教育的重要形式之一。非正规学习通常会牵涉到社群互动,尤其是与家庭成员和同伴团体的互动,其中更包含了玩耍这个因子。在博物馆中,非正规学习的发生主要透过计划性展示教育活动等方式。❶

作为正规学习的补充,博物馆非正规学习的发生方式不通过课堂,而多运用展示、导览等形式,学校的学习常是局限于课本、教学内容、多媒体教学和实验;而博物馆提供的却是真实的对象——比如自然环境、历史文物(图1-3)等,如果两个机

---

❶ [美]修·杰诺威斯,琳恩·爱尔兰.博物馆行政[M].林洁盈,译.(台湾)南投:五观艺术事业有限公司,2007:337-338.

构能够寻找到合适的合作方式，就能给青少年提供很好的教育机会。

漫步古代中国活动板块（“到国博，看国宝”）：

由资深讲解师带领，近距离欣赏国之重器原物，聆听国宝背后那一段段传奇故事，触摸悠久的历史和灿烂的文明，感受心灵的震撼……

同时让我们探索生命的进化、古代的科学、古代的音乐……

人面鱼纹盆

司母戎大方鼎

四羊方尊

犀牛尊

玉龙

哥窑瓷器

图 1-3　中国国家博物馆的历史文物展示

（四）博物馆是民众接受“终身教育”的场所

博物馆教育作为一种社会教育，已然成为终身教育的一部分，其受众从幼及老，都可以在馆内受到持续教育，这种观念在西方已经被公众广泛接受。早在 1869 年，美国出现第一座以普及科学知识为主的博物馆，兴起了利用博物馆普及科学知识的风气，由此开创了博物馆培育公民科学素养的先河，拓展了博物馆的职能。20 世纪后，博物馆教育职能逐渐扩大，成为校外教育和成人教育的重要课堂，也成为社会的又一个教育系。20 世纪 60 年代后，随着全球化、信息化的加速，博物馆更是被赋予了现代化的定义，成为连接传统文化与未来社会的桥梁与纽带，博物馆的传统功能到了拓展升华。今天博物馆的公共教育职能，是以服务社会为目标，以提供教育为目的，使博物馆成为“生动的百科全书”，成为个人的“终身学校”。❶ 现代博物馆秉持“全民教育”及“终身教育”理念，针对不同类别的观众规划不同类型的教育活动，如亲子教育、家庭教育、成人教育、辅助学校教育等。即使有特定对象的博物馆，如儿童博物馆，亦欢迎不同年龄的观众。一般博物馆为扩大教育功能，主动提供一些到校服务及社区活动，如巡回展览、巡回演示、教具教材外借服务或设

❶ 单霁翔.博物馆的社会责任与社会教育[J].东南文化，2010(6)：9-16.

置教育资源中心等，甚至有些馆还提供青少年课后辅导、老年人联谊活动，以达到服务全民终身学习之目的。

二、博物馆公共教育实践

重视博物馆教育是国际社会的普遍做法。博物馆事业发达国家如美国、英国、日本、法国、加拿大、意大利等，都将博物馆作为国民教育的特殊资源和阵地，包括政府制定法规，明确博物馆纳入国民教育体系的内涵及要求，同时政府给予充分的财政保障。以下将阐述一些博物馆事业发达国家的实践，一方面呈现各自的博物馆公共教育（活动）特点和优势；另一方面也彰显重视博物馆公共教育已成为国际社会的普遍做法。

（一）美国博物馆公共教育活动

美国是目前全世界将博物馆与学校教育融合得最密切的国家之一。在一项调查中，发现93%的被调查者认同“博物馆是教育的活跃参与者，为儿童提供动手学习和校外游览的经历，博物馆已成为公共学校教师们课堂教育、课后节目和职业发展的好伙伴”[1]。在美国，博物馆不仅是收藏和展览单位，而且是大、中、小学生学习知识、拓展思维的重要场所。时下，美国有相当部分的正式课程都在博物馆的展厅、教室、库房、图书馆等地进行。每一座博物馆，都有经过严格培训的义工讲解员对学生进行免费讲解，有为学生设置的专门教室供其学习，还有举办的各种演讲和专题讲座供学生免费听讲。每走进一所博物馆，常常可以看见一大群学生在展柜前听老师讲课，在展品前进行临摹，在仿品上体验感受。博物馆开展的严谨的学术性的教育服务活动，分为不同层次，有的面向教师讲解最新的科技动态，有的面向学生讲解历史知识和藏品知识。

总体而言，美国博物馆公共教育活动开展具有如下特点。

第一，丰富多彩的公共教育活动。美国博物馆公共教育活动内容广泛，形式多样，包括影片录像等视听放映、供观众亲身体验的探索项目、为学生开设的教学课

[1] 段勇.美国博物馆的公共教育与公共服务[J].中国博物馆，2004(2)：90-95.

程、各种教具外借服务、教师培训、学生实习，还有图书馆等设施设备对外开放。例如，美国自然历史博物馆的年观众量达320万人，其中学生50万人。其教育部开展的“自然与科学”活动，让3岁以上的孩子在家长陪同下玩耍。活动地点是一个上下两层的小型展室“发现厅”，里面陈列着人类学、自然标本和动植物培育箱。孩子们穿上小夹克，拿上放大镜去“发掘恐龙”、认识标本，活动结束后馆方还给他们发毕业证。此外，每月两次的“博物馆过夜”活动，是一项收费活动，孩子们周五晚5:30~5:45入场，一直活动到午夜。[1] 这些活动让人深深感受到美国博物馆对儿童进行世界文化启蒙的高度重视。此外，史密森博物学院每年夏季都会举办民俗节，纽约市在每年6月的第二个星期二在著名的“博物馆一英里”举办艺术节，位于中央公园东侧包括大都会艺术博物馆在内的多家机构都在当天的特定时段免费为公众开放。

第二，完善的教育设施设备。美国博物馆公共教育设施设备先进齐全，在新一轮的改建和扩建中，不少机构也都以扩大教育服务功能为重要内容，如纽约大都会艺术博物馆、芝加哥艺术博物馆等。同时，不论大小博物馆都设有公众教育部或教育服务部，为学生搭建专门的教室、实验室，开办专供儿童参观的陈列室等。此外，美国的博物馆通常会准备多种供学校教育使用的配套材料，包括文字素材、幻灯片、标本实物、教师手册、海报等。比如，些机构特别设计制作有各种类别、不同层次的教师工具包等辅助教具，给相关的大、中、小学免费发放。当然，这些工具包并不是将博物馆藏品直接提供给教师，而是根据馆藏的特点，制作的等尺寸的复制品。全美还有多家博物馆开展了双向可视远程教育，其中克利夫兰艺术博物馆在2001年为俄亥俄州75个社区的7 000名学生和教师提供了300课时的教学节目，同时还为纽约州、新泽西州、宾夕法尼亚州、密歇根州、威斯康星州、德克萨斯州、华盛顿州、马里兰州和伊利诺伊州的39个社区提供过服务。[2]

第三，馆校合作深入且学校项目优先。许多美国博物馆从20世纪初就开始与学校建立紧密关系。芝加哥的菲尔德博物馆与芝加哥公共学校于2008年完成的

---

[1] 林健.从美国博物馆观众教育谈起[N].文物报，2008-04-02.

[2] 段勇.当代美国博物馆[M].北京：科学出版社，2003：100-101.

一项调查表明,芝加哥学生的科学理解水平处于全美城市学区的最低水平,而现在还没有致力于提升该市中学科学成绩的系统性改革方案出台。为此,菲尔德博物馆、芝加哥儿童博物馆、林肯公园动物园、佩吉·诺特巴特自然博物馆、西北大学和芝加哥公共学院达成合作,推出了一项跨年度(2009—2012 年)科学教育改革。该项目针对 7 所急需帮助的中学,目标定位于 K-3 年级学生。此外,波士顿艺术博物馆附设学院也与各学校和学区开发了多个不同项目。事实上,美国博物馆每年为公共教育活动投入大量经费,用于国家、地方或核心课程大纲教学,并针对各学科量身设计博物馆项目。而大部分博物馆都将其公共教育经费的四分之三用于 K-12(幼儿园至 12 年级)的学生。

除了一般参观,美国所有的科技博物馆都为教师、学校和地区提供许多教育服务。给服务于教师和学校项目优先、比较优先的机构占全部机构的 95%。[1]

第四,多元化的教师职业发展项目。教师教育是青少年教育的“倍增器”。美国 90%以上的非正规科学教育机构都将其努力集中在小学教师,向教师提供多种类型和程度的职业发展项目上,有讲习班及后续班、专题研讨会、实习(包括驻馆实习)和上岗培训活动等。例如,史密森博物学院等机构每年都会与有关学校的教师开展多次座谈,听取他们的意见建议,并邀请相关教师参与编写教育教材。总之,通过多元化教师职业发展项目的提供,博物馆与教师之间形成了更紧密和谐的关系,并共同为青少年的成长和发展搭建良好的平台。

(二)英国博物馆公共教育活动

2006 年 11 月,英国政府在自然历史博物馆发布了“课堂之外的学习”宣言,其中提出:学生除了学习学校必修课程,还有大量的知识要在课外学习,目的是鼓励学校充分利用校门外的学习机会。英国各种类型的博物馆都将组织学校学生的课外教育活动作为其日常工作的一个重要组成部分。英国博物馆的教育部门也担负给大学生讲课的任务,给大学生上课的形式多半是开设专题讲座。这类讲座主要是利用博物馆的藏品及专业人员在某一方面的研究心得,补充和深化学生们的书本知识。一些

[1] 钱雪元.美国的科技博物馆和科学教育[J].科普研究,2007(4):21-28,77.

专业博物馆在组织学校学生的课外教育方面,也都有自己的特色。譬如,电影博物馆备有摄像及放像设备,来馆参观的学生们可以将自己的各种形象拍摄下来,然后在屏幕上欣赏自己的表演;科学博物馆内专供观众使用的电脑里则装有故事性很强的智力测验程序,中小学生可在电脑前坐下,对自己来一番智力测试……英国的一些博物馆还配合学校给弱智儿童上课,帮助弱智儿童认识器物、开发智力。

在历经多年的探索和实践后,英国的"馆校合作"机制已形成了自己特有的模式,其特点表现如下。

第一,"馆校合作"广泛深入。英国于1988年开始推行"国家课程",并明确指出博物馆教育要与学校课程连接,进而在1991年学校团体参观博物馆的人数增长至750万人。2000年发布《博物馆的教育力量》的这一份文件中,强调博物馆应该将"教育和休闲娱乐结合,鼓励那些已经畏惧正规教育的成年人向着终身学习迈出第一步"。英国的博物馆严格依照法律规定对18岁以下的未成年人提供的学习服务,主要面向学校团体和家庭,经费全部来自馆内或者捐赠。纽卡斯尔市的Tyne & Wear博物馆群与中小学、高等院校建立了紧密联系,将博物馆知识融入教材与课外活动中。维多利亚与艾尔伯特博物馆作为世界上最重要的艺术设计史博物馆,配合国家"艺术与设计"课程的指标,开发了适合不同阶段学生的学习手册。

第二,教育活动多彩,教育资源丰富。英国自小学起就有在博物馆内讲授的课程,而这些授课人员不仅包括学校教师,更有博物馆工作人员,其授课形式丰富多彩。例如,在古城切斯特的罗马古城内,当地博物馆的工作人员打扮成古代罗马士兵,给学生上历史课。此外,英国的博物馆还建有专门的学生游艺室、校外教室,同时配有各种活动设施设备等教育资源,注重引导学生通过动手操作对科学现象及原理获得感性认识。例如,在曼彻斯特科学与工业博物馆,入口处的一幢大楼就是学生游艺楼。通常,学校经预约都可带学生进入这样的场地学习,由博物馆专门安排工作人员当老师,介绍演示各种专题性科学知识。❶

第三,教育活动差异化。英国博物馆根据观众类型的不同,分别制定和采取不

❶ 孙春福.英国中小学教育考察散记[J].教育科研论坛,2005(1):74-76.

同的教育措施与手段。大体可以分为以下五类教育服务:一是为在校生提供第二课堂服务。例如,为学校团体提供参观或动手操作的场地、道具、讲解和餐饮服务等,有条件的机构还为高校提供藏品出借服务。二是为青少年提供体验服务。博物馆通过举办“博物馆之旅”“博物馆夏令营”之类的主题活动,在特定的时间使青少年“零距离”接触展品,还可以在展厅内组织活动,寓教于乐。对于16~19岁的青年学生,大英博物馆为他们设计了包括讲演、接触和展示在内的学校研究日活动。三是为成年人提供终身教育服务。博物馆安排文化艺术休闲活动和有助于观众发展与提高的机会,包括各类课程、学术讲座与研讨会、结合展览内容的文艺演出等。值得一提的是,大英博物馆有一支专门从事成人教育活动的团队,其成人学习项目一般会通过讲演、研究班、谈话制作工作坊辩论和表演等形式实施。[1] 四是为残障人士提供无障碍设计服务。例如,为聋哑人提供手语讲解,为盲人提供盲文说明牌和可触摸的展品等,使残疾人在博物馆中享有同等受教育的权利。五是为家庭观众提供专门服务。比如,建立家庭活动日,在临时展览中提供家庭套票,以及专门为家庭参观设计辅助道具等。英国博物馆大多提供有一种“家庭百宝箱”的道具服务,即孩子可以在参观时免费领用一个漂亮的小书包,其中有参观时可能会用到的辅助道具,如放大镜、彩色板、画笔等。家长在教孩子如何使用这些道具去参观的过程中,实际上也增进了亲子间的情感交流。

总之,英国博物馆呈现差异化公共教育活动为许多博物馆所践行。以英国自然历史博物馆为例,它为13岁以下儿童举办“自然历史俱乐部”,指导儿童完成野外或室内作业;对大学生除了为某一课程提供大量展品,还在暑假接待二年级以上的大学生,使他们能了解藏品的广泛知识;对研究生,则指定专门工作人员进行指导。

(三)日本博物馆公共教育活动

日本博物馆事业由主管文化教育的文部科学省统一管理,重视教育是日本博物馆的显著特点。日本的《博物馆法》以《社会教育法》为母法制定,现代日本博物馆制度从建立伊始就以法律形式明确了博物馆公共教育在整个社会教育体系中的

---

[1] 高翠.英国博物馆的社会教育[J].中国文物报,2012-02-03.

重要地位。青少年教育作为博物馆公共教育工作的核心内容,受到各级相关部门的特别关注和有力支持。[1] 总地说来,日本博物馆公共教育的一大典型性便是以青少年教育为核心,并体现在其一系列公共教育活动中,具体如下。

第一,政府支持青少年教育作为博物馆公共教育的核心内容。青少年教育作为博物馆公共教育工作的核心内容,受到各级相关部门的特别关注和有力支持。其中政策和资金两方面的支持奠定了坚实基础,帮助建立了层次完备又各具特色的博物馆青少年教育体系。日本现行的《博物馆法》规定,博物馆应与学校、图书馆、研究所、公民馆等教育、学术及文化设施通力合作,对其活动提供援助。2007 年日本内阁会议通过的《文化艺术振兴基本方针》提出要进一步推动和促进面向青少年的文化艺术活动,并明确指出美术馆博物馆要进一步充实教育普及活动的内容。

第二,展示精心设计,有效传达教育信息。日本博物馆的展示设计注重兼顾青少年观众的生理和心理特点,以便更有效地传达教育信息。主要表现在:展览内容设计从青少年的需求出发,举办以其为对象的展览;运用多元化的展示技术和方法,为青少年提供多样化的教育信息服务,帮助他们理解展示内容。例如,展览以现代艺术为主题,与青少年的身心体验有一定的距离。但它通过举办以动漫为主题的临时展览吸引了大量青少年观众,如 2005 年夏季推出的“哈尔滨的移动城堡展”取材于日本漫画大师宫崎骏的同名动漫电影作品,2006 年与迪斯尼公司和日本千叶大学合作的“迪斯尼艺术展”都深受欢迎。另外,互动性、参与性展示的合理运用增强了展览的吸引力,这在科技类博物馆中表现得尤为突出。东京都现代美术馆还为教育出版了相关的教材,在自己的网站上进行宣传(图 1-4)。在大阪市立科学馆,几乎所有的展示内容都要通过亲身参与才能感知了解,观众被鼓励充分利用各种感官认知。在滋贺县立琵琶湖博物馆,“请触摸”“请闻一闻”“请听一听”的标志代表了传统的冷冰冰的“严禁触摸”,消除了孩子们参观博物馆通常多持的生畏感。此外,很多日本博物馆都为观众免费提供参观指南、精品文物的介绍资料以及教育活动的宣传材料,帮助他们理解展览内容。同时,许多机构还开辟了

[1] 孔利宁.日本博物馆的青少年教育[C]//郭俊英,成建正.科学发展观与博物馆教育学术研讨会论文集.西安:陕西人民出版社,2007:218.

面向青少年观众的专门学习场所,作为展览的延伸和补充。

图 1-4　东京都现代美术馆网站宣传的教材

第三,积极开展与学校等教育机构的合作。自 2002 年开始,日本中小学正式导入“新学习指导要领”,中小学教学课程计划中新增 70~130 课时的“综合学习时间”。文部科学省在指导要领中明确要求学校在进行“综合学习时间”教学时,积极利用“各地的文化设施、社会教育设施”,进一步提升了博物馆公共教育与学校教育密切协作的重要性。多数博物馆都与附近的大中学校结成对子,为后者提供免费参观等服务或是到学校进行讲座,普及博物馆知识。如东京国立博物馆就与东京大学等 21 所学校结成对子。❶ 此外,许多幼儿园也与当地美术馆携手。芦屋市立美术博物馆每年都要为相邻的芦屋市立伊势幼儿园开展一系列美术创作教学活动。而横滨美术馆也每年为幼儿和中小学生开展 100 场造型系列活动,并分为“素材体验型活动”与“目的指向型活动”。值得一提的是,在日本,学校教师可在博物馆工作 1~3 年,协助馆方开展与学校教育的合作活动,并进行相关研究。同时,博物馆之间也就青少年教育工作开展积极的合作研究,逐步建立合作研究网

❶ 严圣禾.日本博物馆努力贴近民众[N].光明日报,2007-05-27.

络。每年的“全国科学博物馆协议会”和“全国科学馆连携协议会”都共同举办“科学表演艺术节”,介绍推广各地科学博物馆研发的科学教育活动新方案。

第四,博物馆教育融入社区教育。为了更好地开展社区教育,文部科学省致力于充实和完善作为社区学习基地的公民馆、图书馆、博物馆、美术馆等场所设施。1999 年起,日本用 3 年时间在全国每个市、郡各设计一所“儿童中心”。2001 年 4 月,国立科学博物馆、国立奥林匹克纪念馆青少年综合中心、国立青年之家、国立少年自然之家等场所相继转化为独立行政法人。此外,一些设在地方的水族馆、海洋馆等也发挥了作用。同时,日本还有众多国立博物馆和各种专项博物馆等科普场所。至于社区教育的主要指导者则包括社会教育职员、社会教育设施的专职人员等。为了提高他们的能力和素质,国家和地方共同出资开展了一系列培训工作。

第五,超越博物馆界限的特色教育活动。教育活动已不局限在博物馆内进行,不同类型的机构从自身特点出发,举办各种户外活动,进一步拓宽教育职能。在日本,许多历史博物馆组织青少年参观与展览相关的考古遗址,由考古学家现场讲解考古知识,深化小观众们对展品的理解。国立科学博物馆充分利用其附属的自然教育园和筑波实验植物园,组织中小学生进行自然观察和生态实习活动。滋贺县立琵琶湖博物馆则组织青少年采集琵琶湖水样,进行以水中浮游生物为主题的观察学习和手工制作活动。

(四)其他国家的博物馆公共教育活动

加拿大安大略省教育部在其法定的历史课程标准中,明确规定学生在博物馆的学习课时与学分,这样的举措促使馆校合作更为紧密,并形成制度保障。例如,位于多伦多市中心的皇家安大略博物馆,是北美第五大馆,该馆地下二层都归教育部使用,共设 11 间教室。博物馆专职人员根据不同年龄的学生编班,围绕展览设计相关兴趣课。每年暑假,教育部还会组织夏令营,并设计相关课程及详细的计划书,寄给学校和家长,鼓励他们把孩子送到博物馆来。

意大利的《文化遗产和景观法》规定,该国文化遗产部、教育大学研究部及各地方政府,应当缔结协定,协调博物馆等文化机构和场所,与属于国家教育系统的各种类型和水平层次的学校缔结特别协定，为学校教育提供教学资源和发展教学节目，传播文化遗产和科学知识，促进学生的全面发展。由此，教育部门将博物馆纳入教学体系，学校与博物馆、师生与博物馆之间形成了良好的互动关系，博物馆的社会教育和服务作用也得到了有效而充分的发挥。

此外，奥地利、丹麦、斯洛伐克、荷兰、西班牙等国的博物馆法也都有将博物馆纳入国民教育体系的类似规定。一些国家的博物馆还设立了流动展览车，如印度比拉工业技术博物馆、加拿大国立博物馆、澳大利亚威尔士博物馆、英国瓦莱克西博物馆、法国罗丹博物馆等，都采用将陈列品布置在汽车里开到各地去展出的方法，受到偏远地区学生和公众的欢迎。

可见，在博物馆事业发达国家，将博物馆纳入国民教育体系已成为普遍行为。其博物馆教育活动不仅丰富多彩，而且在国民教育尤其是青少年教育方面发挥了极其重要的作用。同时，教育活动举办的质量和数量，也日益成为各馆经营管理绩效评估的一项重要指标。

我国博物馆公共教育尚处于一种粗放式的发展阶段，还没有形成一个科学完善的教育体系。

第三节　博物馆公共教育内容

博物馆公共教育内容多种多样，从社会历史到自然生态，从艺术到科学，从古老的石器到宇宙飞船，从中国民族文化到世界各民族的风俗；既有文物的物理性知识，又有文化性知识，既有文物的历史性知识，也有背景知识（图 1-5），都可以在博物馆里得到反映。博物馆是一部立体的“百科全书”，实物的“图书馆”。它对少年儿童是一个充满新奇和引起幻想的天地，对成年人也是补充新知识、研究问题的好场所。博物馆凝聚着人类文化遗产的精华，记载着人类历史发展的进程，展现着人类整体文明与智慧，具有独特的教育资源优势。在博物馆的社会教育职能中，公共教育为其核心职能，体现出博物馆的文化责任和教育责任。博物馆公共教育将提高人的素质、促进人的全面发展作为存在的目的和意义。以下分别从科学文化普及、历史文化、公共意识培育、审美、休闲、生态环境几方面来阐述博物馆公共教育的内容。

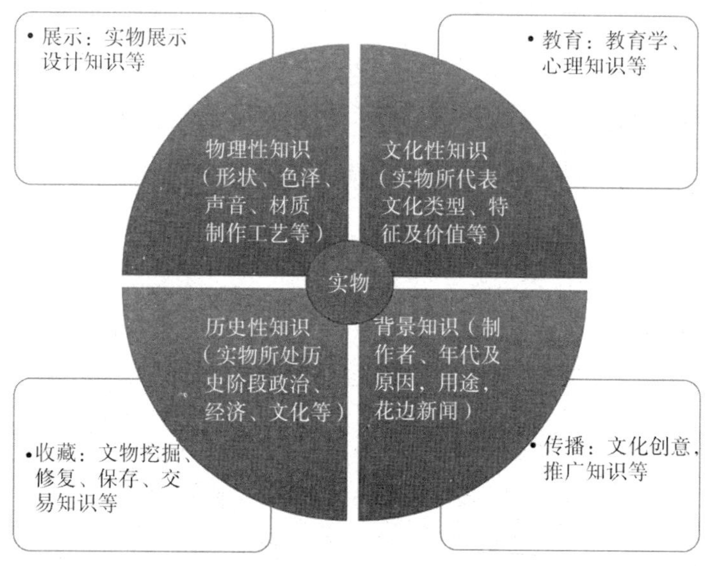

图 1-5　博物馆公共教育内容

一、科学文化普及教育

博物馆被誉为立体的教科书、实物的图书馆，对于成年人是补充知识、研究问题的理想场所，对于青少年则是一个充满新奇、引起幻想的天地。博物馆的知识传播和社会教育方式以直观性和实物性为最大特点，有极强的说服力和感染力。通过丰富精彩的实物标本、图片等表现形式，最大限量展示自然科学的知识内容，其直观表现有着极为明显的普及方式。例如，自然博物馆就是一座立体的“百科全书”，涵盖天文、地理、生物、环境、人文等许多学科知识，阐述自然规律、揭示自然奥秘、关注人类命运、注重生态保护。博物馆的展示不仅包括地球亿万年演化的遗存，而且包括了演化的结果——千姿百态的自然生命现象及生态环境。

此外，在自然科学的展览中融入生态发展及品德人格的教育。博物馆的科普教育让观众在轻松愉快的娱乐游戏中，了解了科学知识和掌握科学方法，使观众在体验中不仅学到科学文化知识，还启发他们形成热爱大自然、维持生态平衡、保护生态环境的意识，在潜移默化中培养正确的价值观、人生观。把科学和情感融到一起的体验教育更是令人耳目一新，是一种有超强感染力的科学教育形式。

二、历史文化教育

历史文物可以形象地再现历史，是一笔宝贵的、不可多得的精神财富。历史性博物馆通过对历史文物的征集和挖掘、研究工作，深化陈列的内涵，更新展览形式等一系列措施，不断丰富教育内容，拓展教育平台，全面展示博物馆的社会教育功能。观众在参观文物陈列的时候，可以感受到文物所展现的历史，陶冶情操。

历史性博物馆有历史图片和历史文物资源的优势。博物馆以著名的历史人物、重要的历史事件为中心，挖掘深层次的相关内容，选取与历史人物、历史事件有着密切关系的而人们又知之甚少的历史情景，采取情景剧、音乐剧、小品、诗歌朗诵等多种艺术形式，通过宣教创新、送展以及生动活泼的艺术演出，让文物“动”起来，演“活”历史，给观众营造一种互动、参与的氛围，给他们一种视觉和心灵上的强烈震撼，让观众通过文艺表演的流光溢彩，了解其背后的故事，进而加深对历史文化的印象，感受着艺术语言所诠释的文化底蕴。

博物馆中，革命历史遗址、遗迹及文物资源十分丰富，这为开展爱国主义教育提供了得天独厚的条件。各类博物馆、纪念馆、烈士纪念碑、革命遗址等保存的历史遗迹最能激发人民群众的爱国热情，特别能使青少年学生汲取丰富的精神食粮，不断增强社会责任感和历史使命感。

三、公共意识的培育

公共意识是公共生活的主观反映，因为有公共生活的存在，所以公共意识就得以形成。公共意识是指社会共同体成员对公共领域内的准则、规范等的主观认可和客观遵守。博物馆所蕴涵的公共意识是对观众特别是青少年进行教育的宝贵的教育资源。博物馆是文化共享的公共空间,观众作为个体在其中参观,有各自不同的参观方式,但无论哪种参观方式都必须规范在公共秩序之下,以不影响他人、不损坏文物为前提。观众在博物馆的参观是围绕展览,依赖感觉、视觉并辅以听觉、触觉等其他感官共同作用的,通过观察、阅读、听讲以及操作等活动接受加工和记忆信息。博物馆作为公共文化教育和文物保护的场所,对公众的公共行为有着更高的要求,是对公众进行遵守公共道德习惯的培养场所。此外,博物馆也可以培养观众爱护人类的公共财富——文物的意识。让观众特别是青少年认识文物、了解文物,激发他们对祖国文物的情感,热爱文物并自觉保护文物。

四、审美教育

审美教育是运用自然美、社会美与艺术美的手段给人们以情感的熏陶,培养广大人民特别是青年一代的审美能力。审美教育是一种人的教育,旨在培养“生活的艺术家”。博物馆是一个地方的文明宝库和文化载体,具有历史文化内涵的文物展览、艺术展览,浓缩的是人类心灵的精华,具有发人深省的文化启迪意义。博物馆也是一个精致的自然景观,大千世界中令人惊叹的自然生成物质标本、丰富多彩的动植物标本,让参观的人都能从中得到美学的熏陶,在启发心智中充实崇高情怀,从而提高公民素质。

展览的文物经过精心筛选,或具有鲜明的时代特色,或具有浓郁的地域风格,或是精美绝伦的工艺珍品,或是世间罕见的艺术杰作。观众在参观时面对所展示的令人荡气回肠的历史长卷,一件件跨越历史长河而留存下来的民族文物,在时空比较中沉浸、回味、思考,将审美心理融入情感、融入人格塑造中,在怡情悦性的基础上追寻祖先生命的信息,启迪智慧,从而完成欣赏、感悟、理性、再现美的过程,提高审美鉴别力,给人的是高层次的精神享受。

博物馆展示的包括地球亿万年演化的遗存,地球演化的结果——千姿百态的自然生命现象及生态环境,让观众了解了大自然的美和力量。激发人们的好奇心和科学探索精神,勇于揭示自然奥秘、关注人类命运、注重生态保护。

五、休闲教育

“教育”与“休闲”本是博物馆功能中不同的两端，整合这两项资源既是博物馆应对发展的抉择，也是社会对博物馆功能所做的选择。博物馆休闲教育是指通过博物馆这种特殊的公众消费模式培养人们对休闲行为的选择和价值判断的能力，其外延涉及智商、情商、审美、技艺、社交能力等方面。博物馆休闲教育的内容可以概括如下：通过捕捉、提供信息和正式、非正式的教育，帮助休闲者发展智力、提高创造力、培养情趣、完善和实现自我；通过对休闲者休闲行为方式的教育、引导，改善休闲者的消费观念，培养自由而全面的人；通过普及休闲知识、阐明休闲理念、揭示休闲价值，实现由他人指引转向自我指引、调节和控制的过程，保障区域文化的健康发展，催化人们伦理道德的重建。博物馆休闲教育功能力求实践系统化，以建筑物和藏品等“物”的独特存在方式展现人类的文明与智慧，为不同兴趣、不同年龄和能力的现代人提供了跨越时空的历史画卷，创造出一个“生活化的社会”，使博物馆成为观众与时间交换互动最热烈的场所。

六、生态环境教育

博物馆的生态环境教育缘于生态危机，旨在唤起社会公众的生态环境意识。博物馆的生态环境教育是人们在学校以外，参观博物馆时受到的与生态环境保护相关的教育。博物馆通过丰富的信息资料，使人们充分认识环境变迁的原因、作用，深刻领会大自然的存在现状，自觉进行环境保护，来进行生态环境教育。

生态环境教育的目的是广泛地、不断地向国民宣传自然以及生态环境与人的关系，并及时将生态环境研究的新成果介绍给公众。随着全球性生态环境的急剧变化，人类赖以生存的地球正处在生态危机之中。生态环境教育已成为博物馆教育新的重要内容。博物馆教育具有生动直观性、科学性、全民性、终身性等特点，可通过利用人类环境的“沉积物”提供展览，使广大观众在某种特定的氛围中切身体验，获得知识，接受环境教育。例如，自然科学类博物馆可以通过基本陈列、专题陈列、巡回展出、科学讲座、夏令营、环境日等活动普及环境学、生物学、生态学等方面的地理学科知识。长期进行生态环境教育,宣传自然与人、自然与社会如何建立和谐关系,潜移默化地使人们树立起永久的生态环境保护意识。

第四节　博物馆公共教育与跨界融合

博物馆作为社会文化教育服务机构,应紧随时代发展步伐,从现代科学发展维度审视博物馆“跨界”展览,从人文历史和自然科学视角诠释人类文明,从“跨界”展览形式探讨博物馆展示手段,不断推出精品陈列,为广大民众奉献高品质的公共文化服务产品,使博物馆在社会发展中发挥更大的作用。❶

“实践联合国教科文(组织)的最新教育要求,博物馆公共教育应主动走进社区,融入社会,以普及教育的全新理念,实施教育的正向引导。也就是说,博物馆公共教育只有注重基础教育与能力教育的结合,才能调动学生及公民参与博物馆教育活动的积极性。”❷博物馆不能脱离社会和社会大众,而应始终将自己与社会融为一体:博物馆公共教育与学校教育相融合;博物馆公共教育与群众文化相融合;博物馆公共教育与社区教育相融合;博物馆公共教育与企业文化相融合;博物馆公共教育与假日经济相融合;博物馆公共教育与传媒文化相融合;博物馆公共教育与公关活动相融合。❸ 当今时代,博物馆也正呈现出向多样化功能发展的趋势,而博物馆公共教育潜力究竟有多大,这是每个文博人都需要思考的问题。

下面从博物馆展示理念、服务、文化创意产品开发、旅游业合作等方面对博物馆跨界融合进行阐述。

---

❶ 韦立立,杨岭.“跨界”合作:博物馆展示理念的创新[J].自然科学博物馆研究,2016(4):73-78.

❷ 郑智.博物馆教育漫谈[C]//北京博物馆学会.北京博物馆学会第四届学术会议论文集.北京:北京燕山出版社,2004:540-546.

❸ 陈薇莉.博物馆与社会[C]//浙江省博物馆学会.浙江省博物馆学会 2004 年学术研讨会文集.杭州:浙江省博物馆学会,2004:11-15.

(1)创新展示理念,实现人文自然融合。时代在进步,形势在变化,博物馆展示理念也需要创新,其展示内容、形式、方法也应与时俱进。博物馆要从传统的展示理念和模式中解救出来,打破以往视“历史文物”与“自然标本”为两个格格不入的展品类型的观念,树立起“用自然的视角看人文,用人文的视角看自然”的新理念,实现文物与标本的融合。同时,要坚持“内外并重”发展理念,运用“互联网思维”,研究传播学的理论与方法。博物馆展览是一项集知识、文化、观念和情感的大众传播工程,一个优秀展览必定是一个有着明确传播目的的展览,并且按照传播目的来组织、规划和设计展览。把博物馆以往采用的自上而下的、俯视的、单向教化的、静态的方式,转变为历史藏品与自然标本融合的混搭模式,即双向交流的、互动体验的、以促进公众理解为核心的现代博物馆展示方式上来,真正树立公众理解博物馆的工作理念。

(2)强化博物馆服务意识,提高博物馆服务质量。“博物馆的教育与服务包括许多方面,主要是为广大观众提高思想品德和文化素养(服务),为在校学生的校外教育服务,为成人终身教育服务,为保护文化遗产和科学研究服务,为旅游观光和文化交流服务。”❶除此之外,还要逐步建立起整合“吃、住、行、游、购、娱”六要素的一条龙服务机制。

(3)推出适销对路、具有特色、令游客喜爱的文化创意产品。文化创意产品要体现博物馆的文化内涵或包含该地区历史文化元素,使它们成为博物馆最好的代言人,使游客能在短暂的参观停留后,长时间地保留参观博物馆的美好记忆。

(4)促进馆际合作,实现资源整合共享。通过展览、交流与合作,实现资源共享,使观众享受各地丰富多彩的文化资源。博物馆之间开展藏品利用的合作共享,已成为国际博物馆界普遍认同的发展方向。如何有效整合、凝聚博物馆展示力量,形成展览大合力、大协作是博物馆发展面临的重大课题,也是业界探索的方向之一。

(5)逐步探索博物馆与旅游企业的合作之路,开展旅游营销活动。比如,博物

❶　沈晨霞.博物馆智能的延伸[C]//浙江省博物馆学会.浙江省博物馆学会2006年学术研讨会文集.杭州:浙江省博物馆学会,2006:133-135.

馆可以与旅行社开展合作,制订“旅行社推广方案”,向旅行社推荐具有本馆特色的旅游项目,并为游客增加互动体验和有奖竞猜等环节,切实提升团体游客的数量。

(6)博物馆可以与服装设计领域进行合作,对各时代的服饰进行梳理,汲取古代服饰工艺的优良元素,改进现代服装设计水平,使服饰体现时尚与历史的统一性。

(7)探索博物馆与玉料加工、雕刻和艺术学校的合作之路,形成产学研一条龙的局面,盘活文物资源,使库房里、展厅里的文物活起来,古籍记载的雕刻、制造工艺活起来。既学习了古代文化,又解决了社会就业问题,还提高了学生的动手能力。

(8)逐步探索博物馆与事业单位、机关、企业、学校等机构的合作模式,成立博物馆志愿者协会,这是各个机构融合、发展的必要基础,是争取社会各界人士支持的重要手段。

(9)博物馆公共教育还需要设计对残疾人的教育。残疾人也需要接受教育,拓宽知识面,为社会做贡献。博物馆应探索供残疾人使用的建筑设施,推出专门供残疾人参观的特殊展览。在国外,伦敦维多利亚和阿尔伯特博物馆堪称典范:“新的展览和陈列中都要为残障人士提供辅助设施,包括用布莱叶盲文标出的‘可触摸物件’。”❶目前,我国博物馆在残疾人教育方面跟西方相比还比较落后。鉴于此,博物馆应该逐步探索残疾人教育工作,探索与残疾人联合会的合作途径,多方筹措资金,使博物馆变成一个为残障人士提供更多方便的参观场所。

新世纪中,博物馆将迎来前所未有的发展机遇,博物馆人要聚集新的智慧,用新的视角审视文物和标本。同时,要加强新技术的运用,改进陈展手段,推出精品陈列,不断为广大民众奉献高品质的公共文化服务产品,使博物馆在社会发展中发挥更大的作用。❷

---

❶ [英]LANG C.博物馆社区教育活动的设计[C].陈力子,译.//郭俊英,王芳.博物馆:以教育为圆心的文化乐园.广州:暨南大学出版社,2011:87-97.

❷ 韦立立,杨岭.“跨界”合作:博物馆展示理念的创新[J].自然科学博物馆研究,2016(4):73-78.

第二章　数字媒体技术下的博物馆

博物馆在社会文化服务中占据着非常重要的位置,它是社会大众的精神文化乐园。数字媒体技术的快速发展不断改变着传统的信息传播方式,其在一定程度上刺激了博物馆精神文化的传播,也改变了博物馆社会文化服务的方式和理念。近十几年来,数字媒体技术已被广泛地运用到历史博物馆、科技馆、自然历史馆、纪念馆等主题内容阐释机构的展示设计,以营造全新的观众参观体验。本章就数字博物馆的公共需求、数字博物馆发展趋势、数字博物馆服务新模式、数字媒体技术下不同类型的博物馆公共教育等方面进行论述。

第一节　公共需求与数字媒体技术下博物馆发展趋势

公众对博物馆的需求日益增长,因此数字博物馆应运而生。与普通博物馆相比较,数字博物馆具有信息实体虚拟化、信息资源数字化、信息传递网络化、信息利用共享化、信息提供智能化、信息展示多样化等特点。在这里,最为关键的是信息实体虚拟化,即数字博物馆的一切活动都是对实体博物馆工作职能的虚拟体现,都以实体博物馆为依托,同时又反过来作用于实体博物馆,是对实体博物馆职能的拓展和延伸。

一、公众需求

公众对博物馆的需求,我们要从两方面去了解,首先是公众对博物馆、对知识的需求;其次是公众对信息化社会、对网络应用的需求。

博物馆是一种多功能的文化设施。它既是收藏中心、研究机构,也是传播知识的学校,或是提供娱乐的场所,但归根结底,它面向的是广大群众,是向人民群众提供服务的社会公共机构。可以说,博物馆是城市文化建设的重要推动力量,生活方式的倡导者。博物馆在社会中的地位从当初的专业化、学术功能,流变到现在完全向社会开放,功能更加多元。从最初的收藏文物供专业学者进行研究到围绕着藏品,构建情景体系,用展陈等数字媒体形式把藏品背后的故事全盘托出,还融入了更多建筑师和设计师的建筑设计、空间设计、体验设计、服务设计等。每个参观者在进入博物馆的同时就成了一个"研究人员",根据个人能力、兴趣爱好和认知程度安排符合自身需求的学习机会,而且在馆内的探索式交互过程中建立更多意想不到的联结。博物馆作为合作、学习和改变的综合体,一方面是为参观者提供满足学习改变需求的平台,提供一种交互式的指导,让自身变成一个活跃的场所;另一方面是为公众提供一个舒适的展示生活方式的平台,一个具有潜移默化功能的环境和语境。比如说,博物馆的建筑和家具陈设等暗示了学术活动的本质;不管是馆内的展示和馆外的公园,参观者都能感悟到自然美和专业美的交融;很多行业博物馆甚至成了网红的打卡地,成为了全民的"美学需求"。博物馆的社会角色通过教育内核的形式承担着城市文化建设发展的推动者和城市生活方式的倡导者形象,随着不同身份人群和各个社区机构的加入,最终构建成以文化体验为内核的合作、学习和生活娱乐的综合体。博物馆这样的一个生态圈,其流变可用图2-1表示。

因此,公共服务体系应当是博物馆建设的重中之重,并满足公众对博物馆的需求。数字化在满足公众对博物馆的需求方面有着积极的作用,同时,随着信息化社会的不断发展,公众对网络本身的需求也日渐增加,更多的人选择通过网络作为获取信息的主要途径。相对于传统的实体博物馆,数字博物馆更能满足公众的需求,具体表现为以下几个方面。

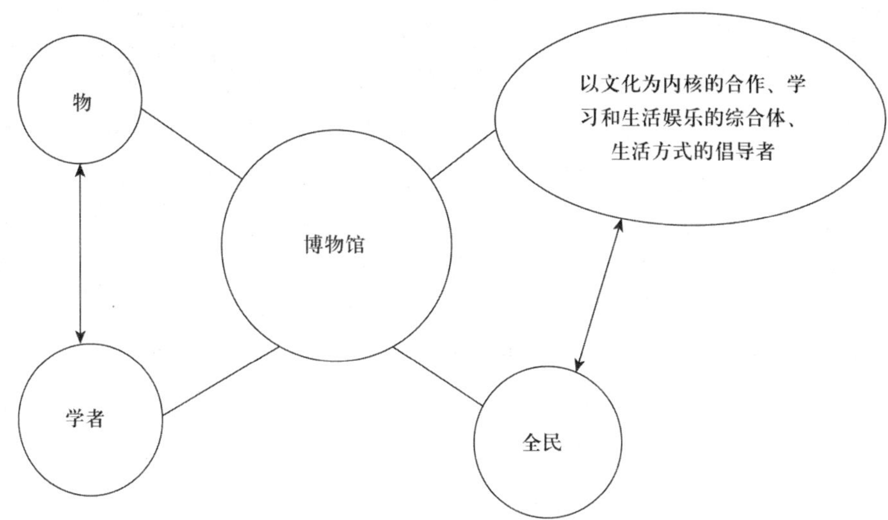

图 2-1　博物馆的生态圈流变

首先,服务理念从以展品为主到以观众为主。实体博物馆的特征是大众化,但受制度、技术、资源及成本等多种因素的影响,致使博物馆观众只能“被动”地观赏馆藏资源,难免千人一面。而数字博物馆由于其技术手段的先进及体系结构的开放性,人性化服务成为其功能目标之一。实体博物馆只能按“群体需求”展出某类信息,而数字博物馆在最主要的视觉和听觉等可转化为电磁信号的信息方面,基本可以突破选择性的障碍,从而大大提高博物馆藏品的社会利用率。数字博物馆的展示内容,最重要的是通过网络和虚拟现实技术,能够吸引并掌握观众的注意力,并注意到人对展品的心理反应、精神满足、知识的获得以及经验的累积,并借此产生教育的功效。数字博物馆不仅能够提供交互性很强的虚拟展览,同时还能够通过细化用户的需求、分析结果、变换信息形态等途径实现观众与资源之间的互动。例如,把统计数据转换成图表并和其他图表进行对比,生成气流随时间变化的动态地图,或者探索分子的形状,甚至利用高速网络使得数字博物馆的用户群协同参观,交流各自的最新发现,或者进入仿真环境、操作远程科学仪器和使用流式音视频。“观众”与“展品”相较之下,观众似乎在近年来较被重视,并且观众越来越重视学习的过程、启发的过程，因此，“展品”并非博物馆展示中唯一的出路。

其次，服务对象从精英主义到大众文化。信息时代的标志就是数字化网络，全球互联网用户来自不同的国家，有着不同的教育背景和文化。数字博物馆运用数字化资源，通过开放的教育形式，丰富多样的陈列方式，面向社会各种不同的群体，把知识传播给观众，使人们可以根据自己的需要和喜好，吸取科学文化养料，得到知识启迪。各种数字资源在数字博物馆中可以根据不同年龄、不同知识结构、不同职业、不同民族的需求进行动态重组，以满足公众对于不同层次和不同领域的知识需求。因此，数字博物馆要想吸引观众的访问，强大的大众文化需求必须与原有的精英主义进行整合，以求发展出吸引观众到来的新形式的数字博物馆。

最后，服务形式从请勿触摸到欢迎参与。早期的博物馆展示，都是“禁止触摸”的。然而，从博物馆的认知规律来说，参与也是充分发挥博物馆教育效益的重要方法。研究表明，触觉接触到的信息暂存时间，比视觉长 20 倍，比听觉长 10 倍。如果在观展品、听讲解的同时，加上参与，如触摸、实验、表演等，观众的接受率将大大提高。数字博物馆的在线博物馆并非只是一个资源库，而更是一个行动、对话、交流与创造的共同体，它包含了公共空间与私人空间，正式与非正式的交互。数字博物馆渠道化的意义在于，通过观众参与形象生产，它可在回归到个人兴趣的基础上重新出发，不断尝试在个人与个人、个人与视觉机构之间共建多元表征模式与公共视觉性。数字博物馆的出现为观众参与提供了新的方式，让展品与观众产生互动，“动手参与”比“单纯观察”更具学习效果。例如，在中国铁道博物馆，观众可登乘动车仿真模拟舱（图 2-2）。可以说，参与是现代博物馆与传统博物馆显著的不同之处，也是现代社会对博物馆的基本要求。

综上所述，博物馆如果希望发挥影响力，首先需要做到的便是满足观众的需求，引起观众的兴趣，使观众主动进入博物馆。新的博物馆形式将是以观众的立场为出发点，更强调参与和互动沟通的数字博物馆。

图 2-2　中国铁道博物馆动车仿真模拟舱

二、数字媒体技术下博物馆的发展趋势——智慧博物馆

随着互联网向传统产业的渗透，数字媒体技术的不断应用极大地提高了博物馆和观众日益增长的展览和参观多元化需求，博物馆也不断应用先进技术，来积极响应并逐步实现了精准、快捷的服务。大数据、云计算、物联网、移动互联等技术推动着传统展览在日益激烈的竞争中转型升级。博物馆利用数字媒体技术应用带来的效益不断显现，开始有意识地培育展览新业态，打造数据信息生态链，重视平台建设策略，围绕建设以互联网为核心的智慧时代，投入了大量的人力、物力和财力。随着智慧博物馆的建设和发展，人机交互、物物交互、人数交互、数物交互成为可能，信息交互的覆盖面得到了拓展和延伸，由此全面提高博物馆的信息服务效果，为博物馆的发展奠定群众基础。

（一）智慧博物馆的原理

智慧博物馆是一个现有博物馆利用社会先进的科学技术，充分利用云计算技术、网络技术和大数据建立起一种全新的博物馆体验。它以多模态感知“数据”替代数字博物馆的集中式静态采集“数字”,并以此为基础,建立更加全面、深入和广泛的互联互通,消除信息孤岛,使人与人、人与物、物与物之间形成系统化的协同工作方式,从而形成更为深入的智能化博物馆运作体系。和传统的数字博物馆不同,智慧博物馆和互联网的智能融合能够整合不同的应用体验,让人真实地感觉到博物馆是真实生活的一部分。智慧博物馆淡化了实体博物馆之间及实体博物馆与数字博物馆之间的界限,形成了以博物馆业务需求为核心,以不断创新的技术手段为支撑,线上线下相结合的新型博物馆发展模式。智慧博物馆提供“物、人、数据”三者之间的双向多元信息交互通道。博物馆中的人(包括现场观众和线上观众、博物馆工作者,以及相关机构和管理部门)和物(包括藏品、各类设备设施、库房、展厅等)的信息可动态感知,并通过网络汇集,借助物联网和云计算技术,建立“物—人”“物—数据”“人—数据”之间的信息交互和远程控制,同时结合云计算和大数据技术,从而实现对博物馆服务、保护和管理的智能化自适应控制和优化。以“人”为中心的信息传递模式使藏品与藏品,藏品与展品,藏品、展品与保护,研究者、管理者与策划者,受众与展品等元素之间的联系真正达到智慧化融合。

前几年,数字博物馆的发展让博物馆从实体走向互联网,文物数字化突破了时间与空间的限制。但是,数字博物馆仍然是一个独立的体系,仅扩展了博物馆的展示功能,但与其他业务功能无任何协同能力。智慧博物馆是将传统博物馆与数字博物馆功能相结合,组成一个整体生态体系,将每一个信息数据化,每一个业务模块化,把数据与体系完美结合,让博物馆工作有更多的可塑性和预判性。数字博物馆转型为智慧博物馆是科技发展的必然结果,就像人体的各大功能系统一样,数字博物馆负责处理、存储、分析,并具体记录相关操作和记录,互联网系统主要负责系统调控,云计算实现各个组成部分之间信息的收集、处理、传递、分析,然后和数字博物馆、云计算和互联网的形式动态信息获取渠道和反馈机制进行互相整合。

(二)智慧博物馆的运转模式

智慧博物馆使用云计算、物联网、移动通讯以及大数据等技术手段,对博物馆运行过程中的信息进行感知、分析以及处理,从而使博物馆在保护、征集、展示、研究方面的成效得到有效的提升。从“数字”发展成“数据”的智慧博物馆打破了信息之间的壁垒，把“人”“物”“数据”三者信息相结合，以动态信息为基础，形成系统化工作模式。智慧博物馆两大数据基础“物”和“人”，主要包含三维藏品数据库和博物馆大数据应用技术两个方面。

藏品数据库技术应用于博物馆数据管理，可以将数据进行编码、组织、分类、存储、检索、更新和维护。数据库建设允许公众在任何时间、任何地点通过网络共享文物资源信息，以收集的三维模型数据库为核心，对相关信息进行智能化管理。三维馆藏数据库可应用于博物馆综合业务管理软件、数据库管理软件、知识库管理和信息服务平台。具体可以在藏品研究、文物修复、文物展示、文创开发、影视制作、互动项目等方面进行深层次的开发。

博物馆大数据应用技术的核心就是对于数据的应用，主要分为三步。第一，对数据的采集。信息采集技术早已深入人们生活的方方面面，人的行为模式会暴露人的表层和里层心理特征，观众从踏入博物馆的第一刻开始，信息就会源源不断地通过各种媒介进入数据库。第二，对数据进行加工。数据的加工是一个复杂的过程，先要对数据进行筛选，保证数据的大小合适、稳定以及数据的真实性、时效性，还要合理利用大数据的低成本创造高价值。筛选完以后才能对具体数据继续加工。第三，分析数据的价值。通过数据的分析可以得到博物馆的优势和劣势，通过自我调整找到博物馆未来发展方向；针对各种数量、类型的游客规划实时参观路线，躲避拥堵；分析所有关注点，以信息传播效率最大化为目标来定位和讲解；根据游客的习惯喜好，为其推送他可能感兴趣的文化信息；从大量游客中快速识别是否有与他人互动的意愿；及时分析问题、漏洞和错误的根源。

智慧博物馆是博物馆未来的发展方向。它利用互联网的各项技术，结合博物馆的实际特点，将互联网的智能化管理、大数据管理、数字媒体技术、移动通信融入到日常的管理、馆藏文物数据的管理、陈列展览设计、社教活动中，使博物馆的管理工作全面化、展览设计人性化、数据管理高效化、开放服务具体化。以科学的统筹规划管理博物馆，以与时俱进的方式服务观众，是智慧博物馆的最终体现。

第二节　数字媒体技术下博物馆服务新模式和教育使命的实现形式

一、数字媒体技术下博物馆服务新模式

随着数字化、三维建模等各类新技术在博物馆领域的应用，数字博物馆、网络博物馆等诸多新概念层出不穷。“互联网+博物馆”带来了多元化、创新性的服务。

在“互联网+”时代，日新月异的新技术与博物馆的深度结合，极尽发挥了博物馆的教育和文化传播功能。可以说，“互联网+”时代，博物馆在我们每个人的身边。“互联网+博物馆”拉近了博物馆与人们之间的距离，同时提升了博物馆管理和文物保护水平，还为博物馆资源的合理利用和高校配置提供了有力的技术支撑。

全球的博物馆、美术馆的发展方向大体都以典藏、研究、展示、教育及传播为主，互联网为实体或虚拟的博物馆提供无时空限制的服务与操作形式。博物馆、美术馆与网络结合并成为潮流不过是近十年的事，但是只有博物馆、美术馆自身设置专属的网站并积极开发内容与服务，观众才能享有博物馆的丰富资源。国际博物馆协会从 1996 年起选用已于 1994 年开启的“虚拟博物馆资料网”，收纳全球博物馆的网站，今天 VLMP 已经成为探索全球博物馆最便利的链接。

中国陕西秦始皇帝陵博物院承担国家科技惠民项目——《博物馆公共安全管理与服务物联网技术集成应用示范》(2013)，该项目集成应用和示范推广一批先进成熟适用技术，选取陕西省不同类型的 10 家典型博物馆为实施对象，为博物馆公共安全检测、预警、管理、应急防范以及文化遗产信息公共传播服务等方面提供科技支撑和示范。

2020 年 3 月，在新冠肺炎疫情防控期间，博物馆关门谢客，由此也催生了多种“云刷馆”的方式，其中博物馆直播表现极佳，收获了一大批“粉丝”。据媒体报道，

数据显示，此前包括中国国家博物馆、敦煌研究院等全国八大知名博物馆通过淘宝直播携手推出“云春游”，累计吸引近千万人次在线参观。当前，云计算、大数据、人工智能等新型信息技术和经济社会融合日益升华。借助网络直播，博物馆文化就可以得到更广泛的传播。为受众提供优质内容，博物馆也是一个巨大的 IP 宝库。线上直播就扩大了博物馆的接待能力，博物馆能够毫无压力地展示以前没有开放的区域和很少展出的珍贵文物，为观众提供更详细、更深入的讲解，“吸粉”尤为强劲。疫情过后，在正常开放期间，博物馆也可以策划一些直播活动，以更丰富、更新颖的内容和形式，吸引更多人走进博物馆。

无论博物馆数字化如何试图超越物质性的限制，一个成功的数字化博物馆往往是在某一些制度化的博物馆的支持之下建立起来的，博物馆既有的网站或首页，就是作为提供博物馆之相关资讯的管道。图 2-3 为中国虚拟博物馆网页导览界面。

图 2-3　中国虚拟博物馆网页导览界面

网络的普及让观众与使用博物馆资讯的可能性更接近，各博物馆都纷纷建设自己的网站,设置所谓的“数字展示”,跨越了地理界限。在国内,号称为世界最大的公益性文化网站“故宫博物院网站”做得尤为突出,2001 年 7 月建成后,采用了专线接入及独立的服务器,平均每天的点击率为 70 万次,最多的一天点击率达到 360 多万次。

目前数字化博物馆的发展倾向是提供丰富的资料库,丰富展品收藏,还包括博物馆开设的一些教育课程、图书出版物以及博物馆商店的商品等,这些资源都可以成为博物馆提供线上服务的内容。例如,广东美术馆 2000 年创建了自己的网站,之后又开设了国内首家美术馆的网上书店,主要销售广东美术馆开馆以来的出版物。广东美术馆还在网站上开设了公共教育栏目,如图 2-4 所示。

图 2-4　广东美术馆网站公共教育栏目

人们参观博物馆的最终意愿,总是希望由自己的感观亲自证实在网络上所接触或学习的经验,因此,今后人们会自然地将参观博物馆分为虚拟与实际的两种经验。博物馆应当擅用网络的特性发展其多元的功能,虚拟博物馆也不会取代现实博物馆,因为两者的体验是全然不同的,甚至,虚拟博物馆是开拓现实博物馆潜在观众的渠道。

在“互联网+”时代，日新月异的新技术与博物馆的深度结合，极尽发挥了博物馆的教育和文化传播功能。可以说，“互联网+”时代，博物馆在每个人的身边。“互联网+博物馆”拉近了博物馆与人们之间的距离，同时提升了博物馆管理和文物保护水平，此外，还为博物馆资源的合理利用和高效配置提供了有力的技术支撑。

二、数字媒体技术下博物馆教育使命的实现形式

从参观博物馆的顺序来研究参观者完整的学习经历，可以把博物馆的教育资源和数字媒体环境相结合略分为：数字教材、数字影片、移动媒体、体验媒体、数字收藏和数字博物馆六类。

（一）数字收藏

将馆内藏品通过数字媒体形式展示图像和描述性文字，是当代博物馆最主要的元数据来源。在数字媒体技术条件下整理馆内藏品、深入文物研究、设计教育目标、进行文化创意活动等博物馆运作效能，对藏品进行数字化保存，是非常关键的前期工作。一方面是对馆藏品的系统整体和梳理，另一方面也为后期数字博物馆和数字教材的建设奠定了素材基础。当然，一个单独的物件，如果没有经过精心的选择、编排、解释，已经无法为当代博物馆的教育功能服务了。

（二）数字教材

数字教材是针对为不同年龄和不同需求的参观者提供的一系列依靠数字媒体展示的关于馆藏或展览主题的教材。成年参观者在参观博物馆之前除了少数热门藏品之外，对其他藏品都不是很熟悉，可以通过数字教材对馆方藏品和展览进行适当的认知，建立对藏品和展览主题的基本认识，进而在参观时得到深度的学习体验；而参观博物馆之后，根据自身兴趣爱好，可以通过数字教材对馆方藏品进行深入的信息挖掘。针对幼儿和青少年，可以通过家长和老师的指导，通过馆方教材内丰富多才的动漫演示，认识和理解藏品内容及其背后的趣味故事。台北故宫博物馆就针对几个常设展览根据藏品类别进行了 11 个主题数字教材的制作；北京故宫博物院也针对青少年设置了上书房、紫荆学堂等主题教材，针对成年人设计了故宫

讲坛教材。具体如表 2-1 所示。

表 2-1 台北故宫博物院青少年数字教材

<table>
<tr><th>项目</th><th>教材类别</th><th colspan="2">教材单元</th></tr>
<tr><td rowspan="26">上书房</td><td rowspan="8">紫禁学堂</td><td colspan="2">“艺术家”宋徽宗</td></tr>
<tr><td colspan="2">故宫御膳大揭秘</td></tr>
<tr><td colspan="2">神奇动物在故宫</td></tr>
<tr><td colspan="2">天干物燥 小心火烛</td></tr>
<tr><td colspan="2">千年名画“春游图”的传奇故事</td></tr>
<tr><td colspan="2">天下第一行书——《兰亭集序》</td></tr>
<tr><td colspan="2">皇帝的祛暑神器</td></tr>
<tr><td colspan="2">……</td></tr>
<tr><td rowspan="18">故宫藏品</td><td rowspan="5">陶瓷</td><td>定窑孩儿枕</td></tr>
<tr><td>五彩加金鹭莲纹尊</td></tr>
<tr><td>胭脂红、蓝地斩道珐琅彩折枝花纹合欢瓶</td></tr>
<tr><td>斗彩鸡缸杯</td></tr>
<tr><td>青花压手杯</td></tr>
<tr><td rowspan="2">绘画</td><td>韩熙载夜宴图</td></tr>
<tr><td>清明上河图</td></tr>
<tr><td>法书</td><td>三希堂字帖</td></tr>
<tr><td>青铜器</td><td>莲鹤方壶</td></tr>
<tr><td>珐琅</td><td>捏丝珐琅缠枝莲纹象耳炉</td></tr>
<tr><td>金银锡器</td><td>金瓯永固杯</td></tr>
<tr><td>玉石器</td><td>“大禹治水”玉山</td></tr>
<tr><td rowspan="2">玺印</td><td>檀香木“皇帝之宝”</td></tr>
<tr><td>乾隆帝田黄三联玺</td></tr>
<tr><td>织绣</td><td>明黄色缎绣金龙朝袍</td></tr>
<tr><td>家具</td><td>太和殿屏风、宝座</td></tr>
<tr><td>钟表仪器</td><td>铜镀金写字人钟</td></tr>
<tr><td>首饰</td><td>貂皮嵌珠皇后冬朝冠</td></tr>
</table>

续表

项目	教材类别	教材单元
上书房	故宫小百科	皇帝一天只能吃两顿饭
		满族人为什么不吃狗肉
		明代的元旦
		立春打春牛
		爱狗的慈禧太后
		青绿山水
		吉祥葫芦
		漱芳斋里真的住着格格吗
		……

(三)数字博物馆

数字博物馆现在已经被很多博物馆采用,主要可以分成两个部分:一部分是常规展览和藏品的线上展览,通过数字化的形式提升展览的完整性和前瞻性,通过辅助藏品说明、影片演示和多媒体互动等方式,让参观者在线上浏览时产生亲临其境的感觉并激发其到现场参观的想法。有一部分藏品文物本身的特性,已经不适合或者难以通过展览的形式让参观者领略其风貌,那么借助数字博物馆的多媒体展示可以让参观者透过不同的视角得到参观体验,从而克服现在展览的局限。如敦煌莫高窟、金文等。另一部分就是针对重要的特展进行制作的主题数字网站,故宫博物院利用全息投影技术展示将已经结束和即将开放的特展内容呈现出来,特展中的很多藏品可能是从其他展馆借来的。数字化的保存既能让参观者在参观前储备足够的先备知识,又可以在参观后加深、拓展阅读,从而得到更加完整的学习体验。

(四)数字影片及音频

包括数字收藏、数字教材和数字博物馆这三种媒体,主要参观者借助网页形式进行的一种主动式互动学习方式,虽然打破了地域性和便捷性的壁垒,但相对于层次清晰的书本阅读习惯,需要参观者投入更多的练习和适应。而数字影片及音频则可以打破更多的壁垒,在网页和移动设备上进行传播,为参观者提供更为沉浸式的体验，虽然是被动接受的学习模式，但是门槛较低，特别适合对藏品进行初级知识普及和低年龄参观者的学习体验。例如，台北故宫推出的3D动画《国宝神兽闯天关》《国宝娃娃进宝山》等主题影片，故宫博物院出品的二维动画《故宫大冒险》（图2-5）、漫画连载《故宫回声》（图2-6），纪录片《我在故宫修文物》，音频App上《故宫里的大怪兽》第一季和第二季节目。

图2-5　故宫博物院青少网站的二维动画《故宫大冒险》宣传界面

图2-6　漫画连载《故宫回声》

（五）移动媒体

传统的博物馆教学活动是以馆内藏品为主题，展开展览、研学等教学活动，是以博物馆为主导、参观者跟随、工作人员协助，关于藏品和展览的相关信息以工作人员口头传递为主，在特定教育空间展开动手操作教具为辅的教育模式。随着信息和通讯技术的发展，以及移动终端的大面积普及，使得博物馆的教育功能不仅在形式上更多样化，而且能创造出更具有创新精神的情境教学环境。将多元化的数字教材和数字藏品纳入移动传媒设备，创造出可以到处行走的学习情境，现代博物馆的教学模式就转变为参观者主导、工作人员协助、博物馆跟随这种更为积极的学习模式。博物馆可以设计更多搭载在移动媒体平台上的教学课件，让参观者可以在展览中直接搜集资料并参与到专题式学习活动中。现在大多数的博物馆提供常态化的语音导览设备，但是很多使用感较差。如何让参观者直接使用个人设备，通过免费下载博物馆提供的数字教材 App 或数据包从而丰富参观者的参观体验和学习体验。

（六）体验媒体

博物馆的展览有时候受到场地、文物保护等多方面的限制，无法让参观者获得因展览特别设计的教育活动体验。随着更多体验媒体技术和形式的发展，博物馆获得了更多馆内和馆外的教育服务机会。例如，台北故宫的“宋徽宗的御花园”教育展，在台湾几个城市巡回展览；teamLab 项目通过交互装置展览颠覆性地打破物质世界的空间交互设计，调动参观者受想行识的所有感官沉浸式体验，成为“全球十大必看展之一”等。在这种展览活动中甚至可以直接摆脱对藏品的物质需求，而充分运用藏品的数字影像，结合体验媒体的技术，让参观者跟好地融入展览的主题情境中，甚至可以和其他参观者一起获得一种共同学习的全新学习体验。

第三节　数字媒体技术下不同类型的博物馆公共教育

一、数字媒体技术下的艺术博物馆公共教育

公共教育是艺术博物馆的一个重要功能，通过这一环节，公众与艺术博物馆得以互动和共生。艺术博物馆对开启公众的审美天赋、提高公众的审美接受水平进而提升全民的文化素质具有不可替代的作用。

当教育成为艺术博物馆的工作重心时，博物馆主要还是一种以物为中心的教育模式，它关注的是如何将藏品最好地展示给观众，如何把关于藏品的知识传递给观众。然而这种侧重于物的传统博物馆教育模式最大的问题是忽略了作为教育中的另一重要主体观众的需求、经验和感受。所以当艺术博物馆提升公众审美艺术素养的公共性使命越来越凸显的时候，艺术博物馆教育需要思考如何从以物为本走向以观众经验为本，如何建立物与人之间的紧密关系，如何让观众在艺术博物馆中获得丰富的审美感知和经验。

（一）艺术博物馆公共教育的内涵

艺术博物馆是博物馆的重要类型之一，它包括绘画、雕刻、装饰艺术、实用艺术和工业艺术博物馆，也有把古物、民俗和原始艺术的博物馆包括进去的，有些艺术博物馆还展示现代艺术，如电影、戏剧和音乐等。

美国艺术博物馆馆长协会在2001年编写的《艺术博物馆职业实践》手册中指出，艺术博物馆的"任务是研究和保管艺术品并经常性地向公众展示和解读艺术品"；"大多数（并非所有）艺术博物馆拥有固定收藏，并以此来组织展览和开展教育活动"。我国文化部在1986年颁布的《美术馆工作暂行条例》中认为，美术馆是具有收藏美术精品、向群众进行审美教育、组织学术研究、开展国际文化交流等多

职能的国家美术事业机构。❶ 20 世纪后半叶以来，艺术博物馆公共教育作为专业领域开始在欧美国家兴起。在中国，艺术博物馆公共教育在 20 世纪 90 年代中期以来也逐步得到发展，近年来更是成为业界关注的热点。

（二）国内外艺术博物馆公共教育及数字媒体技术的应用

1.欧美艺术博物馆公共教育及数字媒体技术的应用

目前在西方，基于观众经验的博物馆教育已经从观念进入了实践。传统的讲解、讲座形式已经开始改变单方面的侧重知识、信息式的传递，而是通过有效的问题策略去调动观众已有的知识经验、情感和观念，使得他们能够积极地欣赏体验作品，参与到作品与自身的对话之中。所以今天艺术博物馆的讲解员要善于向观众提出引导他们个人去发现和思考的问题。1994 年，哈佛大学零点项目开展了学校与艺术馆合作的“缪斯计划”，他们开发了“基于探索的学习工具”，这里包含了 10 个预先设计的问题，从开始简单的问题，如“你在作品中看到了什么颜色？”“你在作品中看到了什么？”，转到更深入的一些问题，如“这是真实的生活吗？”“你认为作品表达了什么样的思想和情感？”，最后引导学生结合他们前面的观察，回答诸如“通过欣赏这幅作品，你发现了什么？”“你有没有一些对自己和他人的思考？”等问题。这些开放性问题考虑了学生的已有知识，层层推进，在欣赏和讨论问题的过程中鼓励学生独立自主地获得知识。

此外，越来越多的参与式体验活动进入艺术博物馆教育中。“Hand on”是目前西方博物馆使用较多的一个概念，其意思主要就是动手参与制作。博物馆教育者通过有趣的活动设计，使得参与者在时间和空间、心灵和身体上得以松绑，在自由的氛中激发起艺术灵感和艺术思维，从而感受艺术与生活、情感、科技、文化的紧密关系。比如德国老绘画陈列馆是一家展出中世纪至 18 世纪中叶画家作品的艺术馆，博物馆设置了一门教成年人自制颜料的课程，体验那个时代画家自制颜料的过程。艺术馆的作品通常是不容许观众触摸的，但现在有些艺术馆，如芝加哥艺术馆专门设置了一个可以触摸艺术的小画廊，其中放置了可以供观众触摸的雕塑、绘画

❶ 杨应时.艺术博物馆的教育资源初探——以中国美术馆的公共教育探索为例[J].中国美术馆，2014(1)：18-22.

等作品,让观众不仅从视觉,而且从更多的感官去感受、体验艺术的材质、轮廓、形式、机理等,从而促进艺术感受的丰富性。再比如德国有个博物馆在带领观众欣赏行为绘画如波洛克的滴画艺术时,为了让观众理解这种艺术,博物馆教育者带领观众体验这种作画方式,从而帮助他们更好地理解这种创作方式和艺术作品。行为绘画的另一位德国表现主义艺术家巴塞利兹,他的很多作品都需要观众以头朝下的方式去欣赏,教育者就让孩子们这样来看他的作品,结果孩子们的集体行动也形成了一种“行为艺术”。这些参与式体验活动使观众变得更积极、更主动,他们不仅欣赏,而且也亲身体验创作的乐趣,从而加深对艺术的感受。

针对学校,目前馆校合作的项目在西方许多博物馆也开展得非常丰富。一方面,博物馆教育部门会开发出基于本馆的藏品,同时对应学校有关艺术课程标准和内容的教育方案供教师和博物馆工作人员在博物馆情境中教授学生。比如温哥华英属哥伦比亚大学人类学博物馆属于世界一流的人类学博物馆,博物馆利用其丰富的原住民艺术藏品,比如各式各样的图腾柱、面具等设计了针对学校不同年级学生的艺术教育项目。另一方面,西方许多艺术博物馆会定期走进学校,将一些藏品带到学校或者将部分藏品借给学校,这不仅便利了学校,而且让孩子们可以不出校门就与艺术品进行近距离的接触。比如芝加哥费尔德博物馆的“教育资源出借项目”,该项目自20世纪20年代起就开展起来,到如今已有近百年的历史。费尔德博物馆的工作人员根据馆内的藏品种类分别设计了近千个展览箱,其中包含了200多个体验箱。体验箱内装有艺术复制品、少量原作、音像制品、使用指南和介绍、相关的学生用书和教师用书。每个展览箱都放置展品和文字介绍,并配有一个相应的教学计划。这些展览箱平时都可以免费借给学校教师用于教学使用,教师只需登录博物馆的网站进行借用登记即可。此外,很多博物馆还定期开展面向学校艺术教师的在馆培训,通过讲座、讨论、体验等多种形式,不仅有助于提高教师的艺术素养,而且帮助他们更好地利用博物馆进行学校艺术教育。

从艺术公共教育的角度看,艺术博物馆基于实物(艺术品)开展面向社会公众的教育服务拥有学校教育不具备的一些独特优势。学校教育主要依靠语言媒介,而艺术博物馆公共教育主要以视觉为媒介。艺术博物馆的空间环境较之学校更为开放,教育的互动性也更强。

历史悠久的卢浮宫博物馆非常注重公共教育的项目活动。从自身的艺术藏品出发,设置不同层次的艺术学习项目,集中于当代艺术的学习、研究,尤其是名家名作的鉴赏、研究。同时邀请艺术界的大师为观众讲解艺术的形式、如何欣赏艺术等。整个公共教育项目分为“近距离观看艺术品”“博物馆故事”“主题迷你站点”,这三大项目从主题出发,选择不同藏品,设置由易到难的不同公共教育项目。卢浮宫有专门为学生服务的教育场所,其中之一被称作“艺术车间”,是集参观、讲解、自己动手三者于一体的艺术活动。另外,为学生们专门设置的“卢浮宫博物馆教育网站”亦为学生提供了了解艺术的另一种途径,方便学生及时、便捷地浏览博物馆网站的最新资讯,拓展博物馆学习的时间、空间。

欧洲许多著名博物馆在教育方面都有独特的贡献,其中荷兰阿姆斯特丹国家博物馆以其丰厚的馆藏资源、多样的活动项目、便捷的网络服务而备受瞩目。这座曾已成为阿姆斯特丹标志性建筑的博物馆包括五个展馆:绘画馆、雕刻和手工艺品馆、历史文物馆、版画以及亚洲艺术品馆,所收藏的艺术品总量近一百万件。欧洲博物馆早期的美术教育往往带有较强学科性,讲解、临摹名作是最常见的手段,随着博物馆角色的转变,公共美术教育越来越多地以隐性的手段来实施,不再强调知识积累和技能训练,而是侧重于培养兴趣,促进心智成长。❶

在美国早期博物馆事业的发展中,博物馆和美术馆在某种程度上甚至有可能取代宗教机构,成为帮助新移民建立一种家庭和社会价值的一个重要纽带。《华盛顿邮报》称,当代美国的博物馆已经成为“新的城市广场”,举办从爵士音乐会到教育研讨会的各种活动。由于对儿童的重视,美国博物馆被视为儿童最重要的教育资源之一和最值得信赖的器物信息资源之一。在纽约大都会博物馆和古根海姆博物馆,馆方专门为不同年龄段的孩童提供与之相应的美术教育课程,甚至学校当中的部分课程也可直接在博物馆中进行。美国纽约的大都会艺术博物馆是世界最大

❶ 熊瑛.欧洲博物馆的公共美术教育——以荷兰国家博物馆为例[J].中国美术馆,2013(10):103-107.

的艺术博物馆，其与卢浮宫、大英博物馆并称为“世界三大博物馆”，共收藏有300万件古代文明至当代文明的艺术作品。馆内由五大展厅构成：欧洲绘画、美国绘画、原始艺术、中世纪绘画和埃及古董。这里经常会举办许多寓教于乐的活动，为1岁半到12岁孩子提供不同的学习机会。❶

由于美国长期以来十分重视艺术教育，许多著名大学校园内均设有若干座博物馆或美术馆。例如，哈佛大学、耶鲁大学、普林斯顿大学都有收藏颇富的美术馆，芝加哥艺术学院更是拥有全美十大博物馆之一的芝加哥艺术学院博物馆，收藏之富令人瞠目结舌。哈佛大学还要求其政治、法律、商业等专业的学生必须选修音乐、艺术、文学等课程，这些专业的毕业生都具有较高的文学、艺术修养，博物馆成为名副其实的第二课堂。❷

20世纪90年代中期，欧洲的一些著名博物馆和文化机构，如法国巴黎卢浮宫博物馆、英国大英博物馆、伦敦国家画廊、梵蒂冈教廷博物馆等实施了数字化建设计划。欧盟委员会从2000年开始致力于文化遗产的数字化工程和创建网络虚拟博物馆的工作，并在其后的5年间，在各成员国之间积极寻求文化遗产网络工程的合作共建。2007年9月，“欧洲虚拟博物馆”项目以绝大多数的投票得到了欧洲议会的支持。2008年11月20日，“欧洲虚拟博物馆”正式对公众开放。❸

1992年，联合国教科文组织开始启动“世界记忆”计划，在不同国家和地区的不同水准上，用现代信息技术使全球有形的和无形的人类文化遗产实现永久性的数字化存储和记忆，并通过互联网共享资源。1995年5月，法、日、美、英、加、德、意7国的国家图书馆在法国成立了G7全球数字图书馆集团，组织了一个大型的人类知识的虚拟馆藏，通过网络为世界范围内的广大公众服务。1995年7月14日，法国巴黎卢浮宫博物馆网站正式启用，网站所提供的网页包括英、法、日等多国语言。

---

❶ 黄燕.博物馆与教育超级连接[EB/OL].(2018-05-18)[2020-07-10].http://www.jyb.cn/zgjyb/201805/t20180518_1078250.html.

❷ 郑勤砚.美术馆公共教育的反思：兼谈美国艺术博物馆的教育经验[J].美术观察，2011(2):18-19.

❸ 视觉文化.数字博物馆概念及国外数字博物馆发展历程[EB/OL].(2015-4-3)[2020-07-10].http://media.njit.edu.cn/info/1001/1465.htm.

由全球规模最大的图书馆“美国国会图书馆”主导开发,联合国教科文组织及32个公共团体合作建立的世界数字图书馆网站,于2009年4月21日正式启用。参与世界数字图书馆网站建设计划的有巴西、英国、中国、埃及、法国、日本、俄罗斯、沙特阿拉伯、美国等国的图书馆和文化机构,他们将无价的文化素材数字化,让读者通过网络获取。馆藏内容丰富,包罗万象,可以分别通过阿拉伯文、中文、英文等7种语言检索,提供各类图书、地图、手抄本、影片与照片档案等服务。

1990年,美国国会图书馆启动“美国记忆”计划,拟将图书馆内的文献、手稿、照片、录音、影像等藏品进行系统的数字化处理和存储,并编辑制作成系列的专题作品。1995年美国正式建成博物馆互联网系统,将国内诸多博物馆的馆藏信息数据库纳入网络传播系统,使得博物馆藏品的信息突破了时空的限制。

作为北美最大的百科艺术博物馆,美国纽约大都会博物馆(The Metropolitan Museum of Art,The Met)更是不仅消除空间限制,同时突破内容索取阻碍,邀请全球各地共享馆内资源,并希望其他的公私艺术机构能够沿袭其概念,成就数字化所赋予的艺术共享时代。2017年2月,纽约大都会博物馆通过一项新政策:“Met Met Open Access”(Met Met)。这次开放源于馆方对2014年的线上博物馆计划所提出的新政策“Open Access”:允许每个人都能自由造访The Met网站、搜寻图片、下载,且商业及非商业用途皆可免费使用,无需博物馆方许可。对博物馆感兴趣的民众不需要亲访博物馆,无论在纽约大都会博物馆官网或馆外平台即可轻易触及馆藏。除平面图画扫描档,也有3D艺术品摄影重现,另外物件得以360度翻转呈现,附含作品名称、艺术家、尺寸、出土、创作日期等关键信息,让民众都可以突破著作权的局限,自由利用古今艺术品的数据分身。

事实上,纽约大都会博物馆并非为公开馆藏的先例,华盛顿的美国国家图书馆以及荷兰阿姆斯特丹国家图书馆皆已开放部分馆藏鼓励民众加以利用并延伸创作。

美国现代艺术馆(MoMA)也于2016年开始在线提供馆内资源下载。

英国利物浦国家博物馆2012年开始就设置了“回忆之屋”(House of Memories),用展品为认知障碍照顾者提供免费训练课程。透过旧照片、古董、可租借的“回忆旅行箱”等,尝试令认知障碍症患者重拾记忆,并让照顾者及患者重新对话及建立关系。

AtelierdesLumière——法国巴黎的第一家数字艺术博物馆,位于第11区的前铸造厂,2018年8月,展出了20世纪早期绘画的彩色投影。AtelierdesLumières由私人博物馆和纪念碑运营商Culturespaces监管,设有投影在10米高墙上的艺术品,占地面积为3300平方米。为了应对科技对人们体验艺术方式的影响,展览空间的目的是让那些不定期参观博物馆或画廊的广大观众能够接触到艺术。

2020年新型冠状肺炎疫情期间,全球不少博物馆以数字化手段推出多种形式的活动,让人们足不出户便可免费在“云上”参观艺术殿堂、游览名胜古迹,畅享历史文化盛宴。3月8日,在意大利首都罗马举行的文艺复兴巨匠拉斐尔·桑西逝世500周年纪念展览因疫情被迫暂停。3月中旬,策展方推出一段13分钟的虚拟导览视频,展示《西斯廷圣母》《披纱巾的少女》等珍贵名画。视频上线3天后,浏览量即突破34万人次。3月下旬,意大利文化部发起“文化永不停”项目,包括教育、图书馆与档案馆、博物馆、音乐、电影和戏剧六部分内容。网友可以在文化部网站上,在线观赏博物馆的虚拟导览、雕塑3D模型、歌剧和音乐会等。该项目已覆盖意大利400多家博物馆与文化遗产的展览资源。

从4月3日起,埃及旅游和文物部组织的“体验埃及”虚拟旅游活动,把埃及著名景点以精美3D动画和导览视频的形式“搬”到社交媒体上。观众轻点鼠标,进入虚拟界面后,旋转、缩放、进退,就可以“走进”埃及王后梅里桑克三世陵墓。

博物馆推出的线上讲座等活动,丰富着人们的文化生活。意大利乌菲兹美术馆每天上线一段几分钟的视频,介绍一位艺术家或一件艺术品。澳大利亚新南威尔士州美术馆在优兔网站上发布绘画课程、小型讲座、展览和音乐会。美国洛杉矶的彼得森汽车博物馆在讲座中介绍汽车运动相关的物理知识,还在视频中展示如何制作气球车,帮助学生理解牛顿第三运动定律。

许多虚拟游览活动兼具趣味性和互动性。法国凡尔赛宫近日推出的“家中的凡尔赛”项目受到热捧。通过在线直播,网友不仅能“漫步”于凡尔赛宫花园和特里亚农宫花园，在花丛中沐浴春光，还能与园丁和喷泉维护员在线交流，听他们讲述园艺知识及背后的故事。每期平均参与人数接近5万人。为纪念达·芬奇逝世500周年，卢浮宫推出一款手机应用程序，借助虚拟现实技术，使蒙娜丽莎“跃出画面”、端坐面前。在美国克利夫兰美术馆“艺术镜头”项目中，观众可以尝试制作虚拟绘画、陶器，甚至可以重新组合展厅中的展品，创作独属于自己的艺术作品。旧金山现代艺术博物馆曾与当地一家公司合作研发了一款应用程序，通过位置感知技术为观众进行移动音频解说。旧金山现代艺术博物馆实现的新的数字化包括：馆内馆外实现身临其境参观、馆外同步播报、根据用户位置提供按需的音频和视频辅助、导航地图及博物馆内点对点的定位系统、展览、项目等活动，日历、票务和会员卡、可分享的观众参观视觉日志，包括声音及图片。

借助图像识别、大数据分析等数字化手段，珍贵的历史文物得以“复活”。2018年9月，巴西国家博物馆发生火灾，90%的文物在大火中被焚毁。2019年9月，由巴西国家博物馆与腾讯QQ浏览器及其“博物官”微信小程序合作打造的“数字巴西国家博物馆”上线。博物馆共展示700个数字档案，其中，400件被焚毁文物的数字档案是根据民众捐献资料进行数字化重建后得来的。

2.中国艺术博物馆公共教育及数字媒体技术的应用

艺术博物馆不仅是重要的文化机构，也是重要的教育机构。近20年是中国当代艺术空前活跃、飞速发展的一个时期，艺术博物馆、艺术家、策展人共同为当代艺术活动构建了良好的展示语境，展览活动日益多样，大众的审美诉求明显增加，观众参与展览的热情提高。艺术博物馆教育作为近年来新兴的专业和学科，备受各界关注。尤其是随着国际交流的增多和社会民主化的发展，艺术博物馆对“教育”的认知发生了很大的变化，越来越强调为观众提供喜闻乐见的“教育服务”，鼓励观众参与，让艺术品和观众之间建立起有意义的互动。

这里重点说中国美术馆。中国美术馆是以收藏、研究、展示20世纪以来中国美术作品为重点的国家级视觉艺术博物馆。近年来，其结合自身的藏品、展览、学术等优势，积极探索公共教育创新和拓展，发挥着日益活跃的社会教育机构的作用。

中国美术馆馆藏作品丰富，其中有大量具有文化创意产品开发潜力的作品，如馆藏四大家精品系列、邓拓捐赠古代书画系列、路德维希捐赠国际作品、当代大家精品、馆藏民间艺术品等。中国美术馆根据作品题材,推出六大品类的系列文化创意产品共500余种,产品涉及生活中的各类商品,如家装家饰、服装服饰、创意办公、数码产品以及各种复制文化创意产品。

中国美术馆每年举办国内国际展览100余个,其中许多重大展览、国际交流展、重要艺术家个展委托设计开发文化创意产品并于展览期间推出,美术馆在取得艺术家作品的授权之后,委托设计师或设计品牌合作开发。近几年具有代表性的开发项目有:“中国现代美术之路:与时代同行——中国美术馆建馆50周年藏品大展”“大器‘玩’成——中国美术馆藏民间玩具精品展”“匈牙利当代艺术展”“立体主义时代——西班牙电信艺术珍藏展”“影中戏——中国美术馆藏皮影艺术珍品展”“盛世和光——敦煌艺术大展”“从提香到戈雅——普拉多博物馆藏艺术珍品展”“美国艺术三百年”等。

中国美术馆是向大众普及美育的重要艺术殿堂,为了更好地提供公共文化服务,中国美术馆于2004年底组建专门职能的公共教育部,并长期吸收实习生和组织志愿者参与工作;拓展公共教育,创新服务形式,营造美术馆文化家园。近年来,通过举办各类公共教育活动,直接服务观众近百万人次。此外,顺应信息技术的发展,中国美术馆也注重通过网站及“数字美术馆”项目建设延展公众服务内容和手段,网站曾3次改版,建成10多个美术数据库,日益成为广大公众欣赏美术作品、参观美术展览、了解美术资讯、学习美术知识的美术信息发布、检索与共享平台。

中国美术馆公共教育内容具体包括以下方面的探索。

第一,结合重要展览,推出“学术讲座”“带你看展览”“与艺术家对话”“艺术沙龙”等品牌活动,举办报告会、研讨会等高端论坛活动。学术类教育活动是中国美术馆公共教育的传统主打项目之一,主要面向成人观众。图2-7为中国美术馆网站的“传播教育”栏目界面。“传播教育”之下设有“教育活动”“精彩回顾”“在线学习”“出版物”这几个子栏目。

图 2-7　中国美术馆网站的“传播教育”栏目界面

第二，拓展品牌少儿教育活动，连续举办九届“我在中国美术馆画画儿”活动，结合展览推出各种主题艺术体验活动，开发各类普及性的教育材料。少年儿童是祖国的未来，也是中国美术馆公共教育服务的重点人群。自 2017 年 7 月中旬起，中国美术馆面向学生、老师、家长等人群陆续推出丰富多彩的 2017 年暑期系列公共教育活动。8 月 4 日、5 日，结合正在展出的“书中有我——萧娴先生诞辰 115 周年遗墨展”，中国美术馆推出“暑期跨界体验夏令营——与书法的对话”系列少儿教育活动，旨在让少儿了解中华优秀传统文化艺术，提升审美能力，感受汉字之美，体味其中乐趣。“跨界体验夏令营”是中国美术馆近年来推出的主要面向少年儿童的公共教育新品牌，通过不同艺术形式的跨界联觉与互动，激发孩子们的参与热情与学习兴趣，丰富艺术欣赏体验的角度和感受。8 月 18 日，中国美术馆助力中国少先队“星星火炬”第十四届全国青少年艺术英才推选（美术类）总展示活动，推出中国美术馆艺术游学活动。来自全国各地的优秀青少年儿童代表及家长,在中国美术馆公共教育部老师的带领下,参观展出的“藏宝阁”内的“宝藏经典活化精神——中国美术馆典藏精品陈列”及“亦幻亦真——李老十诞辰六十周年艺术回顾展”等。

第三,建设专业化的志愿者队伍,倡导公益意识和奉献精神,开展展厅义务导赏和其他文化志愿服务,让志愿者成为联系美术馆与社会公众的重要纽带。近年来,中国美术馆志愿者每年服务观众数万人次,服务范围涉及展厅导赏(分别面向成人、少儿和外宾等)、新闻宣传、外语翻译、摄影设计、资料整理等美术馆工作的诸多方面。中国美术馆志愿者为广大观众提供了大量的义务导赏及其他服务,充分体现了美术馆公共教育的公益性。除了配合重要展览的义务导赏服务,中国美术馆志愿者也承担了大量的公共教育活动组织服务及其他工作,在公共文化服务方面发挥了重要作用。

第四,加强与学校、机关、企事业单位等机构等的合作,开展普及教育活动和社会公益活动,开展“社会大课堂”“爱国主义基地”等共建活动。为不断扩大中国美术馆公共教育的辐射广度,中国美术馆也在不断加强同学校、机关、企事业单位等机构的联系与合作。2016 年 6 月 15 日,来自北京市府学胡同小学一年级的 30 多位孩子参观中国美术馆,中国美术馆针对正在展出的“故事绘——中国美术馆藏连环画原作精品展”为学生上了一堂生动的美术课。本次活动是中国美术馆馆校合作项目“在中国美术馆上课”系列活动之一,为广大中小学校开发富有特色的社会大课堂的课程,丰富孩子们的社会学习和实践。

第五,中国美术馆非常重视与海外顶尖的院校、艺术博物馆、基金会等机构和专家探索开展艺术博物馆教育方面的交流、研讨与合作。近年来,先后推出一系列具有国际、国内影响的项目和活动。例如,2011 年首次与台湾美术馆开展艺术博物馆教育方面的双向交流。[1] 2017 年 4 月 20 日,中德艺术管理春季学院“美术馆管理与公共教育”主题研讨会在中国美术馆七层学术报告厅召开。这是中国美术

[1] 中国美术馆.“为教育的艺术空间”中美艺术博物馆教育研讨会将在京举办[EB/OL].(2008-06-13)[2020-07-10].http://www.namoc.org/xwzx/xw/2008/200806/t20080613_175713.htm.

馆第七次与中央美术学院、德国柏林自由大学联合举办此国际交流项目。

博物馆的未来,应当变得更容易让人接近。欣赏艺术本是一件惬意之事,不应该让人们因为担心自己不具备足够的金钱和教育素养而远离艺术、远离博物馆。虚拟博物馆,用技术创造了普通民众也可接触的空间,让抽象的艺术和审美变得触手可及。中国故宫博物院开发了《每日故宫》《韩熙载夜宴图》等 App,打开手机程序,随着手指触摸屏幕,时光一下穿越到东晋时代的中国,舞者素腰轻摆,翩翩起舞,乐师横抱琵琶奏出曼妙丝竹之声。中国博物馆里有许多珍贵的古画,它们往往在玻璃柜中展出,再好的灯光设计也无法让观众看清原貌,而“十亿像素”的新技术就能解决这个问题。此外,技术带来的数字化改革还改变了传统博物馆的管理方式。南京博物院已将 RFID(无线射频识别技术)应用于文物管理,对每件文物进行藏品档案文字录入、图片资料扫描和数码照片处理、摄像数字化处理,为每件文物建立唯一的身份凭证,并将 RFID 标签与文物藏品数据库相结合,便于进行文物藏品管理、查询、统计报表方面的工作。

艺术博物馆是依靠以实物为核心的三维形象体系来营造艺术展示空间,数字媒体技术的应用丰富了展示手段与展示方式,改变着展示空间的形态。展示设计中的光的立体塑型与质感表现的作用,是光通过对空间的塑造,直接影响观者心理来达到的。科学的照明器械、合适的光源与光色及准确的调光对焦,有利于塑造理想的空间意象,提供优美的展示环境。例如,中国国家博物馆“古代中国”展厅中“玉龙”展示,展灯照射下形成环绕其周围八个方位的空间投影,似有一番“起舞弄清影”的神秘、静穆之感,翩然、灵动之美。观者赏之,有如身居幻境,凝神注目,感喟器物之美妙绝伦,先祖之手巧心灵。中国中华艺术宫的《清明上河图》,可谓中国传统绘画艺术与媒体艺术融合的典范。这幅“百米长卷”以北宋张择端的传统绘画版本为创作依据,以多媒体动画艺术的方式呈现在公众眼前。此刻的时空流动之感是眼前屏幕放映影像的更替变化所带来的,观者似有“闲看庭前花开花落,漫随天外云卷云舒”的惬意。秦陵博物院与某科技公司合作,采用矩阵全景技术扫描秦始皇兵马俑一号坑和三号坑的高精度全景图,通过后期的计算机处理将上千张 3500 万像素的图片拼接成 200 亿像素的超大照片,以“毫米级”的效果呈现兵马俑的全景。

利用数字媒体技术虚拟解构大型文物、放大艺术展品的特写部位、高清晰展示书画作品的笔触、印鉴等细微特征,让观众清楚地看到展品的纹理、描绘、刻画的细节,以弥补实物展出不便近距离观察、展厅照明不足、观众难以欣赏到足够细节的缺陷。例如,故宫博物院的书画展示,将高清扫描的书画展品通过网络呈现给观众,不仅能1∶1地展现书画原貌,还可以任意放大展品的指定部位,以展示其细密之处。

二、数字媒体技术下的历史博物馆公共教育

历史博物馆,指提供历史、动态、文物藏品、文物照片和专业书籍介绍的博物馆,以历史文物保存、展示与介绍,尽量发挥现代的艺术文物,吸收世界各国古今的文化艺术并加以介绍为宗旨。在考古遗址、历史名胜或古战场上修建起来的博物馆也属于这一类。

在欧洲,德国是一个博物馆大国,也是世界上较早开展现代博物馆建设的国家之一。德国历史博物馆是德意志联邦共和国国家历史博物馆。它的任务是向参观者展示德国从孕育初期直至现代的历史。博物馆由两部分建筑组成,位于菩提树下大街上的是有300多年历史的柏林军械库。2006年,军械库建筑修复后,永久展览对公众开放,主题为“两千年德国历史的图像和见证”。德国很多博物馆的教育方案均包括了儿童、家庭与学校,德国历史博物馆甚至将学龄前儿童纳入了其教育范围。对于儿童,博物馆采取寓教于乐的方式,为他们创造了接触博物馆、接触历史与艺术的机会,通过各种活动,实现博物馆对儿童最早的艺术启蒙。德国历史博物馆甚至将在校学生按年级分类,面向高、中、低年级分别有不同的教育活动。德国历史博物馆的融入课程与父母课程、探索学习包,柏林国家博物馆的“你想干什么?”创新竞赛等。这些教育项目均是长期进行的、固定的项目,通过这些活动,参与者实实在在地有所体验和收获。以德国历史博物馆的“融入课程与父母课程”为例,目标课程“在德国——做一名德国公民”重点介绍德国的政治制度以及发展历史等,小组学习的主题是:德国人是什么样的;德国在哪儿;自由权与政治诉求的

实现;公民权利与宪法。这些课程与德国历史博物馆的常设展览紧密结合,促进了移民对德国的认识与理解,进而达到融入社会的目的。

我国大多数博物馆为历史类和考古类博物馆,知名的有中国历史博物馆、陕西历史博物馆、上海历史博物馆、西安历史博物馆、自贡盐业历史博物馆、南京历史博物馆、国家历史博物馆、中国国家历史博物馆等。尤其是革命历史博物馆,它能有效提升人们的精神领域,见证国家的历史文明。在我国发展的各个阶段,革命历史博物馆都为其提供了良好的精神源泉,大力发扬革命历史博物馆的社会教育作用,能有效提高党员的综合素质,加强党性教育又能有效促进革命历史博物馆社会教育的升级。

历史博物馆是以纪念历史事件、历史人物或保护文物藏品为主的专业性博物馆,丰富着人们的文化生活。博物馆与数字化技术的结合能够使其获得更好的发展,也能够吸引更多的观众去了解历史文物及文化信息。将虚拟现实技术在历史博物馆中的数字展示环节进行应用前景广阔,能够对数字化技术本身的虚无性进行适当的弥补,带给观众一种身临其境的体验。现实社会中发生的事都可以通过网络以虚拟的模式逼真的表现出来。比如,三维地理信息技术,利用数字化建设旅游区提供相应的旅游服务以及娱乐信息也已经成为一项新的业务功能,历史博物馆也可以借鉴这一技术,基于互联网的虚拟技术形成可视化平台。这样,在游览的时候,观众只需点击想了解的内容就能够实现网上的虚拟观摩,在三维场景与多媒体视听环境的结合之中,获得模拟体验以及相关的历史知识。也可以通过虚拟技术制作遗址景区的全景,这样就算观众不能前往到实地参观也可以有身临其境般的感觉。

多媒体技术的发展为历史博物馆的革新带来了很多选择,多媒体互动投影、电子书、触摸式装置系统等多媒体设备渐渐走进了历史博物馆。在观众和展品、历史事件人物之间建立了一个桥梁,使观众更主动地参与其中。例如,在重庆红岩革命历史博物馆中,涉及的革命烈士有几百人,很难通过传统的展板陈列形式将他们的事迹一一列出,如果使用电子书,参观者就可以根据自己的需要查询,了解到相关的人物。这样既能优化展厅的陈列,还能使观众主动地参与。在数字化技术的应用之下，历史博物馆讲解员也需要及时地了解熟悉相关的展示内容，对技术的具体运作模式进行学习掌握，这样在讲解的时候才能做到游刃有余，对参观者提出的疑问才能及时地进行解答。比如在参观者体验多点触控技术或者虚拟现实技术的过程中，通过讲解员的指导能够更顺利地进行应用，增强观众的好奇心和参与度，最大限度地感受数字化技术的魅力。❶

2020 年早春，新冠肺炎疫情突发，秦始皇帝陵博物院自 1979 年 10 月 1 日对外开放以来首次闭馆谢客。为了满足社会公众了解博物院展陈文物以及欣赏秦兵马俑坑遗址的需求，秦陵博物院根据国家文物局和陕西省文物局要求，闭馆不闭展，服务公众不打烊。1 月 27 日，秦陵博物院迅速在官方网站推出了“数字展示”栏目，其中包含“全景兵马俑”“平天下展览”“四海一虚拟展示”“数字博物馆”四大内容版块，让公众足不出户欣赏精美文物，感受秦兵马俑这一世界文化遗产的魅力。“全景兵马俑”版块可以通过浏览兵马俑 360°超清全景图，感受秦陵文化遗产的磅礴之势。其中兵马俑一号坑利用全景技术将 2 000 张 4 575 万像素的图片拼接起来形成一幅高达 500 亿像素的室内全景图，将秦兵马俑一号坑内的所有遗迹非常精细地展现出来，画面所到之处，细节纤毫毕现。2 月 12 日秦陵博物院社教部迅速推出“秦俑百问微讲堂”线上学习内容，整理出观众在参观中感兴趣的 180 道问题，分为秦始皇帝陵、秦陵兵马俑、秦陵铜车马三大部分，工作日每日一推，由专业讲解员以音频、文字、图片的形式进行解答。每期由 1 名讲解员回答 2 个问题，计划 90 天播完。3 月 10 日秦陵博物院以及陕西历史博物馆、湖南省博物馆、重庆中国三峡博物馆分别与腾讯联合开展文物故事线上音频合作项目，通过央视少儿、QQ 音乐、企鹅 FM 等平台收听。双方以“文物的时空漫游”为标题，设定“秦始皇的娱乐生活”“听音乐的仙鹤和天鹅”等主题，通过对话讲述的形式，针对 5～12 岁亲子家庭发布 5 期文物故事，并长期在各平台为用户提供免费服务。此外，新型冠状肺炎疫情出现后，秦陵博物院员工陆续创作了《防疫漫画指南》《执盾护卿——口罩的历史》《复工防护提示》等系列漫画，

❶ 吴月.数字化技术在历史博物馆中的应用[J].中文信息,2016(12).

取材于全国相关博物馆文物素材，运用汉代跪坐女俑、唐代侍女等观众耳熟能详的文物元素，挖掘文献中历代的公共卫生知识，用“文物+漫画”的形式表现，分别在陕西省文物局汉唐网、秦陵博物院微信公众号及微信朋友圈等网络平台广泛传播。[1]

三、数字媒体技术下的科学博物馆公共教育

科学博物馆有广义和狭义之分。广义的科学博物馆包括自然博物馆、科学工业博物馆、科学中心。狭义的科学博物馆指科学工业博物馆，区别于自然博物馆和科学中心。这里取广义。科学博物馆包括自然历史博物馆，内容涉及天体、植物、动物、矿物、自然科学，实用科学和技术科学的博物馆也可归为科学博物馆。

科学不仅仅是一堆事实和理论，它更是一个过程，一种思考和探索人类所生存的这个世界的方式。学生应该能够理解并且能够实践科学探究的基本过程和方法，即科学家用于获得并不断修正关于自然界的知识的那些基本过程与方法。正是在这种认识下，博物馆开展科学教育的长处逐渐被认识。学校教育偏重用抽象的文字语言传授知识，它的优点是可以快速地传授大量知识，但是时间长了之后还能记住、活用的比例却不高。科学博物馆的长处在于提供直接经验，它可能要花很多时间才能精炼出一点点别人已经知道的知识，但是把书本的内容鲜活呈现的过程中，可以加深学生的理解、培养兴趣、激发创造力，甚至还可以有助于促进学生关系的互动。这两种学习经验各有特点，没有哪种一定优于另外一种，科学博物馆中开展的科学教育，可以成为学校教育的良好辅助。科学博物馆中的学习方式可提供学生参与非正式学习的机会，创造一种自由探索其学习潜能和好奇心的气氛，经由一个由经验、事实课程与印象所交织而成的网络，让学生在不知不觉中累积一种通常是不带有具体结构和方向的知识体系，这种看似随意其实重要的知识体系，可以补充学校制式教育的不足，丰富学生的科学视野。科学博物馆中开展的教育活

[1] 何宏.闭馆背景下博物馆公众教育的实践与思考[EB/OL].(2020-04-21)[2020-07-10].http://cul.china.com.cn/2020-04/21/content_41128749.htm.

动,作为校外科技教育的重要形式,有利于扭转片面追求升学率等短期行为的应试局面。科学博物馆已经成为学校正规教育的重要社会资源,它同样是一个课堂,一个实验室,一个适合于时代和未来教育要求的特殊学校。世界上很多国家都在科学博物馆中开展了众多与科学教育有关的活动。

科学博物馆是所有博物馆中教育性最强的一类,它运用高科技的展示技术,传授物理、化学、数学等相关知识。参观者甚至能亲手操作大型机器,参与科学实验,更好地增进他们对物理原理、大自然的力量和科学方法的理解。"好奇"是激励观众的关键。在荷兰莱顿自然博物馆,观众能面对面观看恐龙化石的修复工作,甚至可以协助馆员开展藏品数字化工作;阿姆斯特丹科技馆一层展厅的中央是一个演示各种物理现象的巨型展项,跨层挑空的展示空间使之成为了全馆的视觉焦点,当工作人员进行定时演示时,将吸引大量观众前来围观。德意志科学技术博物馆,每年都要接待国内外观众近200万人,其中一半是学生。这里的确是一座培养科技后备人才的"大学校"。传说,德国著名的火箭专家维尔纳·冯·布劳恩和帕尔制彩色电视系统的发明者瓦尔特·布鲁赫等人,少年时代都曾受到德意志科技馆的深刻影响。此外,科学博物馆还配有当时劳动者的塑像和工场的布景;运用艺术手法,再现了不同历史时期科学技术和生产水平的本来面貌,使观众犹如阅读了一部生动形象的科技发展史。

德国柏林自然历史博物馆与附近一所学校建立合作关系,该校学生随时都可以去参观。对于该校学生来说,柏林自然历史博物馆不仅是个参观的地方,也是他们在学校和社区日常生活中重要的一部分。两者合作的契机源于几年前学区对该校学生进行的一次测试,结果该校学生的成绩在学区内处于垫底的位置。学校为了改变这一状况,根据学生的需求,重新调整了教学理念,强调语言的学习、主题教学及跨学科学习。教师根据学生的需要开发课程,并且给予学生灵活的时间段用于学习跨学科的项目。这种教学模式使得学生可以对一门课程学得很深入、很灵活,同时,也与博物馆研究及主题展览开发过程保持一致,使得双方有了合作的基础和契机。教师和博物馆的科学传播者为合作计划设计了若干主题。例如,学校课程要求学生研究河流与人类的关系,学生就可以通过自然历史博物馆中的"人与河流”展览来调查河流生态系统，同时，还可与博物馆中的科学研究人员交流，获得很多最新的科学资讯，这主题取得了很好的效果。

2004年，德国巴伐利亚州制订了新的教育改革方案，其指导方针是要求学生动手学习，强调社区资源的利用，这为德意志博物馆成为巴伐利亚州教育改革的一部分创造了机会。同时，教育改革方案也让人们认识到博物馆在新的教育时代所具有的潜质，因此，教育部门成立了一个“智库”，该“智库”以德意志博物馆为核心，将一群希望参与到博物馆改革行动中来的人们汇聚在一起。“智库”成员包括博物馆教育者、学校教师、州政府教育部门的职员，以及其他教育方面的参与者。在对小学、初中及高中的教育者进行需求评估的基础上，“智库”确定了教育改革和博物馆的共同基础，然后制订了一个行动计划，目的是将博物馆纳入州的综合教育改革项目。

荷兰莱顿自然博物馆于2009年完成了教育活动展区的更新改造，展区名为“Live science”，其功能充分考虑了该馆在馆藏以及研究方面的优势。展区的教育项目由阿姆斯特丹大学的动物学教授、博物馆的教育工作者、学校教师共同开发。这是一个庞大的项目，单靠一方的力量是无法完成的，因此，出于项目运行的需要，建立了馆校合作的管理机构。这个创新的项目把各种合作机构的资源整合在一起，同时，由于各种资源的整合，使每一个参与活动的学生得到手把手的培训成为可能，如他们开展的“藏品的故事”活动。藏品的整理工作非常烦琐，通常在了解藏品分类的基本规律后，整理工作有时就变成了一种简单的体力劳动。为了节约科学家的时间，同时也为了让观众能与藏品进行零距离接触，项目组通过“藏品的故事”活动将科学家、博物馆与学校联系在一起：科学家就在博物馆的“Live science”教育活动区进行藏品的观察、分类、修复等工作；学校教师结合博物馆的资源进行实物教学，手把手地指导学生进行藏品分类，当教学遇到难题时，随时可以向科学家请教。

2010年，比利时皇家自然历史博物馆开展了“年轻人教授年轻人”项目：20个七八年级的学生在博物馆教育人员的帮助下，与学校教师一起，利用博物馆的实物资源，结合学校的课程，探索博物馆中的地质学、人类学和生物学知识；然后，这20

个学生在学校教师的培训下,将学到的知识教授给60个6~12岁的孩子。这20个学生首先要用近200个小时的时间来理解自然历史知识,了解如何进行积极的教学互动、建构领导技巧、增强自信心等。他们也学习了如何利用博物馆的实物资源进行教学服务,以及如何作为小学生的指导教师。通过学校与博物馆的合作,学生开发的项目成为博物馆的一个组成部分,学生在参与的过程中获得了智力、情感和社交等多方面的收益。“年轻人教授年轻人”项目获得了教师、学校行政人员及家长的支持和尊重,许多当地组织还对该项目进行了捐助。

荷兰莱顿大学与德国海德堡大学两所高校都以深厚的天文学和天体物理学底蕴而享有盛名。其中,莱顿大学始终致力于天文学在欧洲的推广和普及。该校的天文观测台建于1633年,是世界上最古老的大学天文台。现在,莱顿大学天文台已成为重要的国际天文学研究中心之一,拥有一个15人的“天文与社会”科研团队,向公众展现宇宙的神奇,与社会分享科学、技术和文化。

海德堡大学天文教育与传播中心由海德堡大学与海德堡市政府合作建设,该馆外表华丽,建筑外形的灵感来源于银河系。该馆的教育工作围绕讲座论坛、学术沙龙、教师培训和教育活动展开,天象厅和实验室是主要的活动场所。

由于天文学涉及数学、物理学等多个学科,因此与专业院所广泛、深入的合作无疑是天文馆宝贵的资源。在荷兰、德国各大博物馆中都能看到与之合作的科研机构的铭牌,从展示的细节上也时常能感受到其背后强有力的学术支撑。同时,各大天文馆之间也多为合作关系。此外,与社会公众的交流沟通也是国外天文馆非常重视的环节,它们面向社会的多个层面,积极拓展与不同受众的联系。❶

滨海湾金沙艺术科学博物馆是新家坡博物馆中最富盛名的一个,如同一朵“大莲花”般的建筑外观正是艺术与科学完美融合的体现,也使其成了新加坡的地标建筑之和著名景点之一。除举办各类世界展览,新加坡艺术科学博物馆还长期举办丰富多彩的公众、教育活动,正如它的名字一样,向来宾们展示艺术及科学对于世

❶ 缪文靖,忻歌,吴国瑛,等.荷兰、德国博物馆运行及发展研究[J].科学教育与博物馆,2016(4):297-302.

界所产生的深远影响。作为新加坡地标建筑的莲花型艺术科学博物馆设有 21 个艺廊,共有三层展览区,面积超过 6 000 平方米。其中,“野外探秘”将艺术科学博物馆内 1 000 平方米的空间打造成一片可以用一台智能手机探索其中的虚拟热带雨林。

中国香港科学馆位于尖沙咀东部,毗邻香港历史博物馆,共分 4 层,18 个展区,约有 500 件展品,题材广泛。馆中展品分布在五个主要展览厅,即展览简介、科学、生命科学、科技及为 3~7 岁儿童设计的儿童天地。其中 80%的展品可让观众触摸及亲自操作,因此,参观者可以一家老小共同亲身体验科技对社会所产生的作用。

上海科技馆和上海自然博物馆里也开展了很多教育活动,如基于馆校结合的“青少年科学诠释者”“博老师研习会”等项目,联合馆内外专家学者的“达人带你逛”等活动,诸如此类的品牌活动会让更多人获益。

在信息互通、人机交互、社群分享的数字化发展的大环境下,受到学习型社会建设工作的影响,图书馆亟需进行功能拓展和转型。科学博物馆在功能及服务内容上与图书馆有着高度相似性,以互动展示践行着“公众访问、参与和分享”宗旨,其发展历程对于对图书馆发展有极强的借鉴意义。智能互动式展览契合了融媒体环境下科学博物馆的阶段性变化,创新了科学传播方式,增强了对公众的吸引力,日益得到主流科学博物馆的重视。

国外博物馆用耳目一新的方式打破“博物馆是历史和传统的”的刻板印象。英国伦敦自然历史博物馆推出的一个为 7~12 岁儿童定制的博物馆之夜项目 Dino Snores for Kids 设置了名为 Airbnb Base Camp 的“露营区”,使得孩子们可以与镇馆之宝——25 米长的蓝鲸骨架相伴入眠。该展览可以让儿童参与者心中种下了科学和思考的种子,小观众在宛如“探险”般的体验中,了解了恐龙的生存环境,面临的威胁和挑战等。

美国波士顿科学博物馆成立于 1830 年,博物馆展出 500 多个互动式展品,组织现场演示,播放 IMAX 屏幕电影。网站以一般大众为服务对象,鼓励质疑和探索的科学精神,提倡终身学习和积极的公民意识。图 2-8 为波士顿科学博物馆网站的教育栏目“终身教育”。

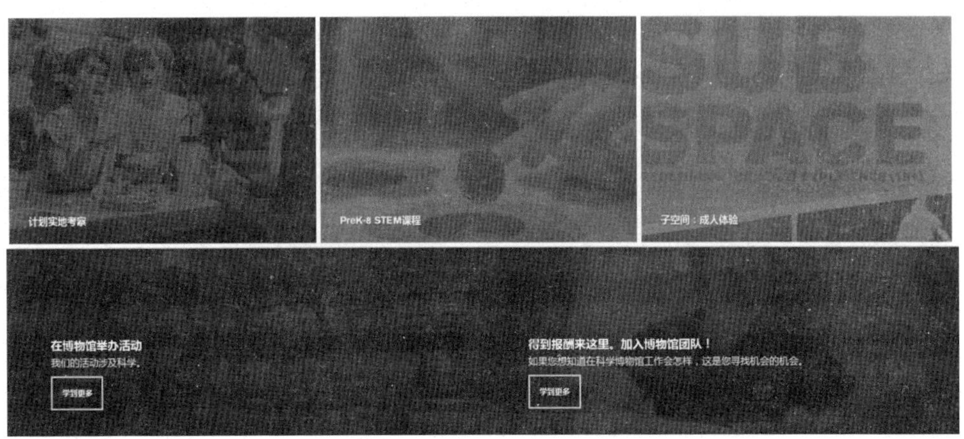

图 2-8　波士顿科学博物馆网站的教育栏目“终身教育”

伦敦科学博物馆成立于 1857 年,于 1928 年正式对外放,是一家集自然科学、科技、工业、医学为一体的综合性博物馆。博物馆有四层,共收藏约 30 万件藏品,在这里可以看到工业革命以来的老式机器和代科学仪器,一楼是工业特展,二楼主要展出航海、潜水相关物品,三楼是关于航天飞行及航空发展的展馆,四楼则更多地涉及医学领域。博物内还有播放自然科学类影片的 IMAX 影院和为孩子设计的互动馆,孩子可在这里修建一座虚拟的桥梁或是模拟操控飞机。

新加坡艺术科学博物馆通过技术手段,使观众能够围绕相关文博主题进行创作、分享并与他人交流,并且通过炫目的科技引导观众围绕主题进行思考;建立能够让观众分享观点的平台,并使参观者形成“共鸣”和“惊奇”。“共鸣”建立展览与个人的关联,给予观众思考的线索;“惊奇”利用出乎意料的、有趣的或是矛盾的展现,让观众产生讨论的欲望。通过线上线下连接,形成了参观者的表达平台。

科学博物馆的最重要的功能就是展示教育,只有从公众的角度出发,才能把展示教育的过程与科学素质的提升做到同步。在科学博物馆中,通过运用标本模型、立体造景、实景、多媒体幻灯片、计算机游戏、互动设施、虚拟现实等,构造出与生动的、与参观者亲近的生活经历，营造出人们愿意去看、去感觉、去理解、去探索的知性情境，加强观众主动接触的动机，提升他们对学习科学的态度，通过引发人们的学习动机，进一步全面性地去培养公众的科学素质。由中国科学院院史馆主办的“率先行动 · 砥砺奋进”创新成果展综合利用各种先进的科普展示手段和展示方式，向公众有效传播前沿科学知识和科学思想。“智能互动式展览”让展品拥有无限的再生潜力，实现科技馆展品和空间的最大程度上的利用，推动科学知识的普及和公众科学素养的提升。❶

四、数字媒体技术下的特殊博物馆公共教育

（一）特殊博物馆

特殊博物馆，包括露天博物馆、儿童博物馆、乡土博物馆，其中，乡土博物馆的内容涉及本地区的自然、历史和艺术。国际博物馆协会将动物园、植物园、水族馆、自然保护区、科学中心和天文馆以及图书馆、档案馆内长期设置的保管机构和展览厅都划入博物馆的范畴。

露天博物馆又称民俗文化村（包括部分民俗博物馆）、户外博物馆、村落博物馆以及生态博物馆，是传统博物馆的一种形式。世界上最早的民俗文化村在北欧，它是挪威于 1851 年建立的桑得瑞克露天博物馆（其主体是农舍），其次是瑞典于 1891 年建立的斯坎森露天博物馆。瑞典斯坎森露天博物馆，是世界上第一家露天博物馆，它以一种“活态”的展示方式改变了传统博物馆的概念。这座博物馆不是依附一幢建筑并在其内部进行收藏展示，而是以多种传统建筑、街区、历史实物以及特定自然环境共同营造的具有百年历史的露天博物馆。

布鲁克林儿童博物馆是世界上第一座儿童博物馆，在美国纽约布鲁克林布劳尔公园，1899 年创办，原是 1823 年建立的布鲁克林科学艺术馆的一部分。布鲁克林儿童博物馆门口有一条金属隧道，隧道内设有一条水道，水道上装有水轮、水闸等大型河道水流控制设备模型。隧道周围是一个巨大的迷宫，内有温室丛林、风

❶ 翟宏英. 中外科技博物馆智能互动式展览比较研究［J］. 知识管理论坛（网络版），2019（2）：110-120.

车、蒸汽机、坦克模型等。这里还有照相、艺术、音乐、科学、地质等工场，儿童们可以在工作人员的指导下，亲自动手做其想做的事，甚至可以随工作人员去参观历史古迹，进行“考古发掘”。馆藏实物和标本5万余件，包括历史、民族、自然、地质、矿物、动物、工艺、机械等各学科，是一个让儿童亲身体验、亲自动手，并寓教于乐的很好的儿童教育场所。在布鲁克林世界里，孩子们可以在迷你商店(图2-9)里玩耍。这一展项是为了培养参与者对布鲁克林文化的了解和欣赏。通过其中的事物和情节，孩子们会更加了解真实生活中的自己和邻居。

图2-9　布鲁克林儿童博物馆的迷你商店

美国儿童博物馆与社区联系紧密。首先，美国第一家儿童博物馆的雏形就是在社区博物馆空置场所上建立起来的专为儿童开办的一个特有空间，随后美国几家规模较大的儿童博物馆的创始人大多来自当地社区的公办学校教师，这些教师因无法在公办学校中实现自己的教育理念而转向开办儿童博物馆。其次，今天美国儿童博物馆的发展几乎都定位于为当地社区的发展服务。从儿童博物馆的创办理念、教育项目与展览活动的群体定位，以及新开办儿童博物馆从当地社区寻找办馆活动的元素，都可以看到儿童博物馆在致力于为当地社区发展服务方面所做的努力。

美国伯克利哈比同特儿童博物馆每年会举办一两次针对保育员的免费培训；它所开展的“学前艺术训练”项目针对学龄前儿童、教师等，提供在场与非在场的课堂和讲习所，为他们提供儿童艺术教育资源。为了让更多的低收入家庭获得该馆的服务，该馆提供免费和补助服务、免费入场日、奖学金、团体参观免费或折扣入场、社区图书馆与机构优惠服务等优惠性政策。该馆还设有玩具租赁馆，为婴幼儿提供高质量的在家学习与亲身体验的游戏玩具，比较环保且为家庭节省开支。此外，该馆还提供婴幼儿保育书、手册、视频、指南、杂志、父母讲习所，甚至还专门针对青少年的父母、特殊需要及无家可归的儿童与刚出监狱的囚犯的家庭提供活动项目。

匹茨堡儿童博物馆开设针对学校的项目，这些项目由一些优秀教师主持，具有州或国家级水平。例如，“绿色建筑——教学工具”项目利用匹茨堡儿童博物馆等建筑作为绿色建筑教育的案例，以互动的形式将绿色建筑的基本理念以及环境对建筑选址的影响等知识传授给教师，以便教师在深入理解的基础上将相关知识与理念传授给学生；“从臭虫开始”项目让儿童从了解臭虫开始，了解科学，并获得生物网、食物链、陆生物与水生物等相关知识。

德国卡尔斯鲁厄艺术馆早在20世纪60年代中期，就推出了面向儿童的向导服务，并且设置了全德第一个儿童博物馆展区，在那里，馆藏的部分画作都挂得比较低，与儿童的视线高度齐平，便于儿童欣赏。针对儿童的特点，角色扮演也常常成为德国艺术博物馆面向儿童开展的艺术活动，比如在分析一些历史人物画像时，让儿童穿上历史人物的衣服，扮演某些角色，然后拍照留念或自己画下来。这种教育方式充分调动了孩子们的兴趣，并将艺术与历史很好地结合起来。现在美国几乎绝大多数的艺术馆都设有专门的儿童艺术活动区域，其中提供了很多的艺术材料、书籍等，由专门的教师带领儿童进行艺术创作体验活动。

一座儿童博物馆的永久性收藏可能是罕见且珍贵的藏品，也可能是日常生活用品，甚至还可能是活体动物。儿童博物馆收集藏品不在于藏品的稀缺性，而在于它们是否能够在阐释或教育中发挥作用。儿童博物馆的展览可能会包括藏品,但是它们的目的在于激发观众的好奇心、扩大观众的知识面以及鼓励观众参与互动。儿童博物馆中的项目和工作坊可能会包括科学谜题与实务操作示范、附近地区大自然漫步、木偶戏、动手实践演示或示范、乐器表演、舞蹈、“盛装”活动或演戏活动、绘图与绘画、手工艺品制作展示、天文馆和自然中心的参观活动等。中国博物馆中儿童教育还处于萌芽阶段。例如,在美国不论大小博物馆都设有教育部门,或被称为教育服务部、公众教育部,对少年儿童的教育是其教育活动最基本的内容之一。但在中国,只在北京、上海、广州等少数城市的博物馆设有教育部。为儿童量身定做的教育活动虽存在,但不多见。目前,上海已经有一所位于宋庆龄陵园的东南部的儿童博物馆,但是其规模小,影响力不大,教育活动也不够丰富多彩。上海儿童博物馆于 1996 年 5 月 29 日正式对外开放,全馆由航天馆、航海馆、玩具馆、展示厅、球幕电影厅和多功能厅组成。

如果说露天建筑博物馆只是一个虚拟的聚落,乡土博物馆则是对一个真实的聚落加以整治、修饰、美化,使其成为个特定时代、特定地点的反映。这种保护方式更注重地方社区,认为聚落保护不仅要保护传统也应服务于当代。由于聚落生活仍然延续,它的动态的特征、对本地有形与无形遗产的整体性解释都与静态的建筑博物馆形成鲜明对照。美国弗吉尼亚州的小镇威廉斯堡是采用乡土博物馆这一保护方法的著名范例。18 世纪的威廉斯堡曾经是该州的首府和文化中心,但在美国独立战争期间,弗吉尼亚州将首府迁往里奇蒙,该镇逐渐衰落。20 世纪 20 年代末,威廉斯堡的牧师兼财政长官梦想恢复这个城镇在 18 世纪晚期的繁荣状态。后来,在亿万富翁约翰 · D.洛克菲勒的赞助下,重建全镇 45% 的建筑和修整大量街道景观。

(二)特殊博物馆的数字媒体技术应用

就露天博物馆而言,鉴于露天的各种条件限制,目前要应用数字媒体技术还鲜有相关案例。而儿童博物馆、乡土博物馆,则已看到了相关案例。实际上,乡土博物馆有诸多区域为露天的,其数字媒体技术应用,露天博物馆也可以进行有益的借鉴。

美国科罗拉多州的马思科校园丹佛儿童博物馆打造了一棵数字照片树，助力参观的儿童和成人获得愉悦的心情。这颗照片树是儿童博物馆扩建项目的一部分，整个扩建项目包括两只新翅膀，带有攀登塔、艺术工作室、教学厨房、水和能源展示，以及一个新的入口和3万平方英尺户外探险公园。整个博物馆基于"复杂的奇思妙想"理念打造，儿童和成人可以通过游戏进行学习。20英尺高的抽象照片树由铜和钢制成的"树枝"和30台平台LED背光液晶显示器组成的"树冠"组成，每台显示器用于显示一个家庭的照片。❶

上海儿童博物馆1990年经上海市计划委员会批准立项。1991年5月29日宋庆龄逝世十周年纪念日举行奠基仪式。1995年5月竣工，1996年5月29日举行开馆仪式。它坐落在宋庆龄陵园的东南部，于1996年5月29日正式对外开放。全馆由航天馆、航海馆、玩具馆、展示厅、球幕电影厅和多功能厅组成。在上海儿童博物馆成立10周年之际，又被重新改建，于2007年9月重新开馆。全新的儿童博物馆下设"跨越距离，触摸未来"主题科学展示区、互动探索区、主题展览区、儿童阅读区四大功能展区，兼顾了2~14岁适龄儿童的认知需要。科学展示区的序厅，是一个"儿童博物100个为什么"的多媒体触摸装置（设计成可爱的螺旋体状）。这一装置由四个单体组成，在这四个触摸系统内，不仅设有与儿童博物馆内相关展区的相应介绍，还将有100个有关航空、航海、航天、信息、天文等方面的知识问答。从上海儿童博物馆的网站可以看到，常设的展览包括"序厅、进入船舱、潜入深海、太空旅行、返回地球、旅行@家、草婴书屋"（图2-10），每个环节都贴心为儿童服务。比如，"潜入深海"引导儿童探索神秘的海底世界，探索高耸的海山，起伏的海丘，绵延的海岭，深邃的海沟，还有坦荡的深海平原。"走进展馆"的子栏目"科普秀场"还会就某种自然现象通过特定的设备进行再现，如"航海秀——海上龙卷风"（图2-11）"升空秀——飞天之梦"，告知展项方位和演示时间。

---

❶ pjtime资讯组.平达打造儿童博物馆数字照片树[EB/OL].(2016-03-21)[2020-07-12].http://www.pjtime.com/2016/3/312124658327.shtml.

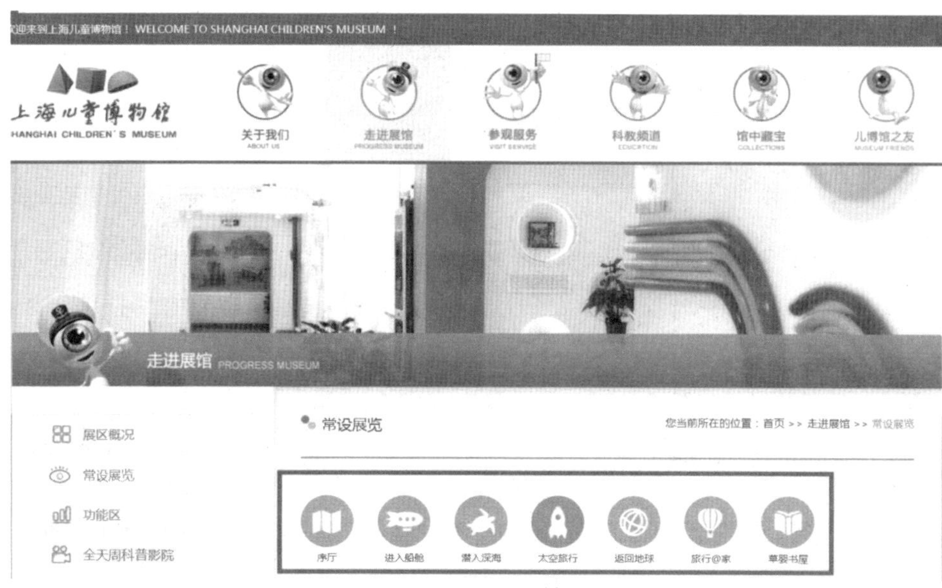

图 2-10 上海儿童博物馆网站“走进展馆”的子栏目“常设展览”

科普秀场　　您当前所在的位置：首页 >> 走进展馆 >> 科普秀场

航海秀——海上龙卷风

大海上气候千变万化，风雨雷电说来就来。尤其是发生在海上的龙卷风——海龙卷，威力惊人，破坏力极强，就像是大海“发怒”了一样。

海龙卷是如何形成的呢？当海面上的热空气上升后与雷暴云层中的冷空气相遇，会产生一种强烈的反应，使得雷暴云层变成一个旋转的漏斗形云层。这个云层会渐渐地拉长，当它伸到海面时，能吸起高大的水柱，这一现象被称为“海上龙卷风”，也被形象地称为“龙吸水”。

龙卷风的形成与持续时间都不是很长，但是它的破坏力极大。它的中心附近最大风速可达300米以上。只需要用几分钟的时间，就会摧毁它触及的一切。

在很深的洋面上，有足够的水让龙卷风卷吸，你能猜出龙卷风卷起水柱有多高吗？1989年澳大利亚附近海上龙卷风卷起的水柱高度达到1528米，与我国泰山的海拔高度相当！在大气中出现这样高的一条水柱，其情景该是多么壮观啊！

这里每天准点定时播放海上龙卷风演示，让我们一起观看吧！

展项方位　一楼“进入船舱”展区

演示时间　整点播放

图 2-11 上海儿童博物馆网站“走进展馆”的子栏目“科普秀场”

航海厅为大型仿真潜水艇装置，是供孩子们直接参与的，让他们在观察与真实接触中主动学习。该装置外部造形仿造真实的潜水艇而建，以让孩子们对潜水艇有一个直观印象和深刻认识。仿真艇体的内部配有一些演示设备及互动多媒体装置供孩子们亲身体验、参与，孩子们可以通过这些演示设备看到、听到、学到航海知识。

上海儿童博物馆的“全天周科普影院”，采用了直径13米的半球形银幕，可以使电影画面的面积达到323平方米左右。影院顶高约9.5米，使用面积近200平方米，座椅倾斜度为120度，可同时容纳70名观众。放映设备采用6台超高流明投影环绕投影方式，后台操作系统由基于国外最新技术研发的专业控制软件的计算机支持完成，其易用程度大大超过由复杂的多镜头投影系统组成的数字球幕放映设备。

我国乡土博物馆的营造蕴含着当代建筑师的乡愁，以传统材料和精神空间为核心，融入现代的建造理念与形制，呈现出一种“多元乡村复兴”的趋势。“高黎贡手工造纸博物馆”落成于2010年，由建筑师华黎和他的TAO迹事务所主持兴建，这也是中国本土第一批较有代表性的新建村落博物馆。建设的初衷既想保护和弘扬手工纸这一古老工艺和文化，也致力于将博物馆建筑的建设作为这一传统文化及其价值观的组成内容。手工纸和博物馆共同成为地域文化系统的物质承载媒介。设计将建筑做成由几个小体量组成的一个建筑聚落，如同一个微缩的村庄。而整个村庄连同博物馆又形成一个更大的博物馆——每一户人家都可以向来访者展示造纸的工艺。造纸博物馆的平面格局是向腾冲本土原生聚落的某种致敬：民居浓缩为房间，寨心演化成内院天井，自由散漫的景观和空间错落更体现出村落的自然性和有机性。访问者对建筑的游览将是在内部展览和外部优美的田园景观之间不断转换的一种体验，以此来提示建筑、造纸和环境的不可分。展示是博物馆的核心功能，但附带的“茶室”和“客房”又意味着“接待”与“留宿”，因此增加了建筑职能的多元性。

2017年2月，住房城乡建设部办公厅印发《关于做好中国传统村落数字博物馆优秀村落建馆工作的通知》（建办村函〔2017〕137号），正式启动中国传统村落数字博物馆建设工作。经过一年的努力,完成了数字博物馆一期开发建设任务和165个村落建馆工作,于2018年4月28日正式开通上线。数字博物馆分总展馆、村落单馆及全景漫游手机客户端。总展馆设名录、探索、学术、活动、文创、社区、资讯、关于等栏目。名录栏目包括第一批165个优秀中国传统村落单馆和4 153个传统村落。探索栏目设"传统建筑""非遗传承""格局肌理"等文化专题及传统村落大数据分析,通过"大数据+"的方式,实现对传统村落价值的深度挖掘和大数据库分析成果,为规划专业人员、旅游爱好者、村落保护者、社会大众提供详实的传统村落数据。学术栏目汇聚传统村落最新政策法规、精选书籍、论文及优秀规划实例,为专业人士提供海量的学术资源。活动专区定期组织主题线上、线下活动及展览,活跃传统村落保护力量。

村落单馆包括第一批165个优秀中国传统村落的村落馆,涵盖全国24省(区、市)。每个村落单馆涵盖全景展示、历史文化、环境格局、传统建筑、民俗文化、美食物产、旅游导览七大块内容,以全景漫游、三维实景、图片、文字、视频、音频等多种形式全方位展现中国传统村落独特价值、丰富内涵和文化魅力,集知识性、趣味性、实用性和可视性于一体。

全景漫游手机端,以行政区划分类,收录165个建馆中国传统村落的360全景漫游,开通实时点赞、分享功能,带领大家身临其境般漫游中国传统村落,领略中国传统村落美丽的风光和历史的印记。

中国传统村落数字博物馆集中展现了优秀中国传统村落丰富的文化遗产和孕育的农耕文明,向世界宣讲中国传统村落的故事,突出展现中华文化独一无二的理念、智慧、气度、神韵,增添中华民族内心深处的自信和自豪,增强国家文化软实力。同时,中国传统村落数字博物馆对提高村落地位、扩大村落影响、推动村落保护发展具有重要作用。

第四节 数字媒体技术下博物馆陈列展览与公共教育

博物馆最基本的教育形式是陈列展览,它是博物馆活动中一项实验性很强的学科,要最大限度地发挥博物馆公共教育职能,就必须努力提高陈列展览的水平。陈列展览就是博物馆在一定的空间内,以文物、标本为基础,配合适当的辅助展品,按一定的主题、序列和艺术形式组合而成,进行直观教育和传播知识、传播信息的展品群体。陈列展览的水平体现在它的内容和形式上,要根据陈列的主题,充分运用空间、光线、色彩等艺术手段。深化主题,吸引观众,起到潜移默化、寓教于览的效果。以下重点阐述数字媒体技术下博物馆陈列展览。

一、博物馆展陈空间中新媒体展示技术分析

新媒体在国外应用远远领先于国内,自 20 世纪末,西方博物馆就推出了多个移动设备应用,使观众得到全新的体验,同时,国内博物馆将多种新媒体技术相结合,包括故宫博物院、南京大屠杀纪念馆等,并利用相应的空间设计语言表现技术进行内容展示,使得信息传播时效性明显,更具创新性。

近年来,为了满足日常生活中人们的美学需求,设计人员对新媒体的展示技术进行研究开发和功能拓展。在进行展陈空间设计时,不但要利用新媒体技术来达到观众的创新要求,还要结合趣味性与美学需求,使得人们的体验效果不再像从前那样枯燥乏味,给观众带来多元化的展陈体验。

(1)由单一向多元转变。展陈空间在规划过程中,展示方式应是多元化的,比如说场景再现展示、虚拟现实模拟等。展陈空间的设计目的不仅仅是用来传递展品信息,而是融入了参观者的感官要求以及体验需求,如展陈氛围、参与互动效果、人流规划等,进而达到多元化的综合信息共同发展的目的。

(2)由静态向动态转变。相较于传统的静态展示来说,现行的动态展示更受

观众欢迎,信息的传递表达效果更加显著。而且虚拟互动技术的应用使得展陈空间突破了空间上的局限性,能够利用有限的时空将大量的信息内容传达出去。这种转变使得观众由观展者发展为参与者,实现由被动到主动的角色过渡。这样的互动观赏能够激发观众的参与热情,使得观众能够全身心地投入参展中去,进一步巩固观众对展陈信息的印象。

(3)由被动向主动转变。展陈空间的设计是一个大的工程,而互动体验设计就是这个工程当中用来进行展品信息传播的工具。在传统的展陈空间设计当中,观众只能被动地接受设计者所传达的信息,很大程度上限制了信息的传播时效。而互动体验则凭借新媒体技术手段使得展陈空间具有多维性与开放性,促进观众与展陈空间进行主动式的交流,同时也丰富了展陈信息的内容,将观众引入一种闲适沉浸的状态。

总之,新媒体提供的新艺术形式和传递信息的方式有利于产生一种全新的视角来发现博物馆藏品间的联系,也有利于达到新时代观众行为要求,也能够满足群众多元化的需求,为其提供更好的参观体验。

二、新媒体技术在博物馆展陈空间中的设计原则

(一)内容与形式的统一

博物馆展示设计中新媒体应用的基本原则是将内容与形式相统一,并以最佳的观看效果呈现博物馆的主题和内容。

适当的应用媒体技术形式有助于进一步丰富博物馆展陈空间的展示形式,并为观众带来全新的外观和感受体验,经过数字采集、数字建模、3D 动画等做到立体展示、场景复原,使得展品更具吸引力和感染力。例如,2010 年的热门话题——故宫博物院的“走进清明上河图”沉浸式数字音画展示项目,向观众展示了 51 个画卷场景、模拟设计了 700 多段人物对话,观众只需按照自己兴趣点击屏幕即可欣赏画卷任意细节,获得视、听、触的多元化体验。博物馆应善于利用微信、微博等平台开辟的线上展示模式。2016 年,河南博物院志愿者团队利用新媒体平台举办了一系列线上特展,引起了观众们的巨大反响。其中,“炼土生辉——新石器时代黄河中

游彩陶艺术线上展"阅读量共 50.1 万、"禁止出国 64 件"总阅读量为 853.6 万、"御姐妇好"阅读量 178.1 万、"禁止出国第二批"阅读量达到 1797.8 万。通俗简洁线上特展的新模式抓住了现代观众群体碎片化阅读的喜好,有效传播了博物馆文化,打开了博物馆展陈的新大门。

从另一个角度来说,观众希望进行技术应用对显示器形成全新的认识,而不是仅只有内容,缺乏吸引力,这也是设计师为何将他们的见解浓缩成简单的互动,并使内容以及形式相统一,不断扩大技术应用范围,使设计内容更加简单,得到更好的展示,对观众产生更大的吸引力。因此,在博物馆展陈空间的展览中,要让艺术和新媒体技术融合在一起,使内容以及形式相统一。

(二)以服从传播展示目的为原则

在一些博物馆中,新媒体技术有利于进行更好的展示形式,互动、新颖,它可以被仔细地理解,但发现偏离了显示器的主题,并偏离了显示器通信的目的。展览中的展品不是孤立的,而是整个展览的一个组成部分。这种技术要展现主题,尽可能加强其与观众交流沟通,不断扩大知识信息的传播范围,而非被数字化用于数字化,多个新媒体元素不能适应显示的主题和通信的目的。根本原因在于内容以及形式组合才是判断展览成功的关键,也有利于保持良好的沟通,而非新媒体技术的应用形式。

(三)坚持互动体验的原则

世界上的一切都是彼此和谐的。新媒体的应用与交互体验的体验技术相结合,使新媒体显示屏能够以更直接的形式为观众所接受。在德国开姆尼茨国家考古博物馆里,参观者可以体验动感的撒克逊雕塑的表演模式。每间隔 3 个小时,悬挂在博物馆门厅的自由州的雕塑景观模型,就会在三个展览层面上浮动(图 2-12)。将一部电影投射到模型雕塑上,在短短 10 分钟的旅程中,展示出撒克逊文化历史发展的艺术美学实践。动态景观模型在世界上的博物馆中都是独一无二的。它由五块絮状物组成,共同构成了萨克森州的轮廓。使用钢缆将动态景观模型吊起来,能够让各个部件以流动的方式在展览层面滑行。互动体验有利于使观众产生情感共鸣,获得良好的互动体验。设计应更加关注受众的需求,更加关注受众的参与和互动。

图 2-12 德国开姆尼茨国家考古博物馆门厅的自由州雕塑景观模型❶

（四）操作力求简单方便

操作方便快捷，有利于更好地吸引观众，培养观众对展品的兴趣，也有利于创造良好的展览环境，而复杂操作则会使得观众失去耐心，甚至不会使用。由此可见，应用程序的相关操作要尽可能方便，使观众利用这一操作对展品形成全新的认识，并不断增强现实的应用基于展览的物理对象，以及物理信息。例如，某公司设计制作的互动多媒体产品——数字墙。这是一款十分适合博物馆、科普馆的产品，可以获得良好的互动效果。数字墙拥有可承载超大容量信息资料的数据库，将历史人物信息、文物信息录入显示在屏幕上，人们随机选取一张图片，图片就会被放大，相关信息被显示在上方。数字墙信息分为“显示信息”与“待命信息”两种形式，且两种状态互不干扰，清晰可辨。数字墙可满足用户对图片放大、缩小等各类操作，并且触屏操作，方便、简单、快捷。

三、新媒体技术在博物馆展览中的设计模式

（一）新媒体与信息主导型陈列模式

新媒体技术的应用推动了展览信息从单向通信演变为双向通信，从历时通信

---

❶ 天津林泉世纪实业集团.博物馆里的互动体验装置：黑科技使博物馆更加有趣好玩[EB/OL].(2018-08-24)[2020-09-02].https://www.sohu.com/a/249745679_172273.

到即时通信,让人们对历史和艺术的认识变得更加立体和开放。成都金沙遗址博物馆自 2014 年起,也从多个方面开展了陈列展览数字化的工作。正在建设中的智能导览系统不仅充分展示了金沙遗址博物馆的特色,还通过不同的软件功能满足观众参观的多层次需求,包含针对普通观众的智慧旅游终端和 App 应用程序,针对团队观众的讲解服务系统。观众可以通过交互式的导览获得一种多角度、全方位、立体式的交互参观过程,并运用视频、动画、“沉浸式”虚拟现实技术等形式为观众创造一个多感官的博物馆展览体验环境。App 应用程序包含 7 种语言的导览,通过 Wi-Fi 和蓝牙定位自动向观众的智能终端推送信息。

古代艺术本身的魅力也能够提升对观众的吸引力,但现实是大部分博物馆的文物本身不仅难以得到展览的支持,而且如果没有解释,许多遗物也无法进行直接展示,不具有视觉观看的优势,而将多种媒体技术相结合进行历史场景重现,有利于为观众带来全新的感官体验。

(二)基于观众互动的体验模式

博物馆的观众体验是一个非常愉快的过程,包括美学知识、教育实践活动,而简单的审美知识无法满足观众博物馆体验需求。观众的积极参与才能让展览深入人心,“让文物说话”,让展览活起来。从 2015 年开始,常州的萍乡博物馆的临展逐步增加互动项目和体验环节。2016 年 4 月,萍乡博物馆与苏州碑刻博物馆联合举办了“百世一系——苏派碑刻名家作品展”,此次展览将展厅的四分之一划分为观众体验区现场碑刻拓片制作。展览举办期间,连续有两所学校自发组织学生专门针对展览开展了社会教育活动“品名家碑刻,做拓印专家”,每个学生在展览现场体验了裁纸、折纸、浸纸、上纸、风干、上墨和揭纸等碑刻拓印的七道流程,学生们认真参与,乐在其中。

博物馆交互展示技术让观众在极具科技感的氛围下了解展示的产品。三维数字投影沙盘是一种融入体验式交互的场景。所谓投影沙盘就是以计算机技术为核心的现代高科技手段生成逼真的三维图像模型。全息幻影成像系统可进行产品立体 360 度的演示,还可以配加触摸屏在现场实现与观众的互动。“多点触控”是近年兴起的一种交互显示技术,用户用手指触摸显示屏幕上的内容,实现对计算机的操控。新媒体技术应用于博物馆展览的手段还有场景绘画、触发情景墙。场景绘画主要是通过在 iPad 上画出所想的场景,联动投影大屏幕展示,从而实现展示互动效果。触发情景墙,即通过触摸墙面和墙面实体喷绘效果产生互动,观众站在预先设定好的场景游戏墙前面,点击触发,进而在墙壁上显示不同的动画内容。

新西兰国家博物馆在 2009 年开放以后,进行空间展览,同时,根据新西兰主题认知展览,并使用"交互式地图"和其他数字平台等来增强与观众之间的互动,使观众自行解析,何为新西兰以及新西兰人。

将多种展览模式相结合建立特殊的多媒体技术访问方式,传统的博物馆展览则是充分发挥博物馆馆藏资源的重要作用,而多媒体互动平台是游客能够充分表达自我,发挥自身的创造力的平台。

(三)移动应用的发展模式

在建设博物馆新媒体互动体验项目的同时也需要开发博物馆媒体移动应用,如基于智能手机、平板电脑等的"移动应用程序"。调查显示,到 2017 年,手机已成为观众访问互联网的最常用方式。博物馆展陈空间中的"移动应用程序"的开发符合新时代观众的行为习惯。全球各大博物馆、美术馆和艺术机构借着移动智能终端的兴起和互联网的技术创新,纷纷打造独树一帜的数字移动产品。西班牙普拉多美术馆 App 作为其中的典范,将欣赏与导览融为一体,展示了馆藏艺术品的精湛与深厚。图 2-13 为普拉多美术馆 App 交互界面。

上海博物馆一系列精彩的特展,如"俄罗斯皇家军械珍展""醍醐寺艺术珍宝展""吴湖帆作品展""早期中国文明展"……这些特展虽然在现实中早已落下帷幕,但仍以数字应用软件的形式留在了云端,为参观者创造了一个个不受时空约束的虚拟展厅。故宫博物院从 2013 年起陆续推出了近十款 App,出色的交互体验、时尚化的人物造型和高雅的界面风格,使它们迅速跻身同类应用榜单的前列。由故宫博物院出品的一系列数字应用软件,深受人们的喜爱。搞怪的紫禁城美人、"萌萌哒"雍正帝、可以自己绘制分享的故宫瑞兽、从画中"活"起来的南唐梨园歌舞……这些来自古老紫禁城的文化元素,在互联网思维的包装下,焕发了年轻的光彩。

图 2-13　西班牙普拉多美术馆 App 交互界面

博物馆的移动应用服务，有利于扩充博物馆的文化教育，并增加观众对博物馆浏览信息的访问。博物馆展陈空间中的移动手机导航终端，使观众仅利用微信就能够发送信息，或是接收展览的有关信息，信息内容的呈现形式丰富，包括图片、含义和声音，这相当于为每个访问者提供"私人"翻译。

在数字时代，移动设备和信息网络的发展使人们依赖网络获得信息，因此博物馆展陈空间的展示设计要为观众服务，使观众在物理空间中在收获信息知识的同时也得到了乐趣。❶

四、新媒体技术在博物馆展览中的艺术表达

（一）新媒体艺术的基本理论与分析

1.新媒体与新媒体艺术

新媒体基于数字技术的计算机技术，具有先进媒体形式的独特创新功能。新媒体弱化了传统媒体的界限，还具有交互性、即时性和信息共享的特征。例如，南京中国科举博物馆新开发的移动 App 软件通过移动媒体向公众展示，它充分体现

❶　廖怡萱.新媒体技术在博物馆展陈空间中的价值体现及艺术表达[D].北京：北京服装学院，2019.

了与观众的互动和娱乐，体现了“以人为本”的民众化媒体。

在艺术中，“新媒体”指艺术家在艺术创作中的新载体，情感物化，以及各种创作的新手段和新材料。对于艺术创作，“新媒体”使艺术家的创作方法更加多样化和灵活。新媒体艺术其本质和特征体现在数字和信息传播相关技术的使用和展示上，以互动为主要形式，开展多种形式的艺术实践活动。与传统媒体相比，新媒体艺术有更明确的方向，主要指计算机、网络；目标是艺术形式和新视频的整合，一种新兴的艺术风格与数字成像技术等先进科技成果的发展相结合。目前，关于新媒体互动体验艺术和展示团体大部分都集中在海外地区，比如说德国的卡尔斯鲁厄艺术中心、加拿大的班芙艺术中心以及美国的麻省理工学院媒体实验室等。

自从新媒体艺术发展以来，国内外艺术机构纷纷涌现出来。其中，日本科技艺术团(teamlab)从激烈的市场竞争中脱颖而出，成为新媒体互动体验设计方面的引领者，其代表作品大都是通过光影和谐交织这种艺术形式来缔造出来的。他们在米兰世博会的日本馆中掀起了新媒体艺术的浪潮，在中国举办的“舞动艺术展 & 未来游乐园”新媒体光影艺术体验展，更是将新媒体艺术推向了美学的高峰。

2.艺术美学与艺术化效果的基本理论

新媒体装置艺术家植根于当代艺术的语境，根据相关的创作原则和表达方式，结合使用具有深刻内涵的概念和具有鲜明特征的形式。新媒体艺术的表达方式包括组合与拼接、转换、拟像、重复。

(1)组合与拼接。组合与拼接是当代艺术作品最基本的表达方式。以数字技术和媒介为基础的新媒体艺术，在表现手段和表达方式上更是离不开组合、装配、合成和拼贴等相关手段。新媒体艺术的组合方式，既有电脑屏幕内部的图像、影像组合，如 PS、数字剪辑、数字合成等；又有屏幕之外的材料性组合。组合与拼接，不是指将物象简单地进行堆积和重叠，而是依据不同的原则进行，所采用的原始素材之间的关系可以是相似的，以产生视觉语言的相互关联；也可以是对立的，以产生强烈的视觉冲击。总的来说，组合与拼接的造型元素之间存在着某种逻辑关系，这种逻辑关系可以是视觉上的，也可以是观念上的。

(2)转换。转换，也称为置换，是当代艺术一种基本而普遍的表达方式。它强调通过移借或挪用的方法和手段,将不同的物象在材料上、体积上、空间上甚至时间上等许多方面进行重新组合,由此转换为一个新的物象。新媒体艺术在数字技术特性和媒介特性的有力支持下,转换的手法显得更加丰富和方便。通过艺术家对事物特征的转移和强化,它可以借助数字技术,对某些众所周知事物的外在特征、数量、现象、材料等进行一系列的改变使“此”物象转换为“彼”物象。艺术家对原有事物所进行的改变(一些互动性新媒体艺术作品甚至是由观众参与所进行的改变),会使观众将信将疑地对事物被改造前后之间的关联性进行联想和独自判断,从而使当代艺术和新媒体艺术作品与观众产生心理的共鸣。

(3)拟像。当代社会,是由大众媒介营造的一个仿真社会,拟像和仿真的东西因为大规模地类型化而取代了真实和原初的东西,世界的很多东西和现象因而变得拟像化。这表明了新媒体艺术在数字技术操纵下的本质特征。利用一切手段模拟现实和仿真,一切事物都可以在(数字)媒介中存在,一切都可以在模拟世界中被感知,模拟真实以某种模式和符号取代了现实真实,那么现实世界将是由模式和符号决定的世界。这便是一个新媒体艺术的世界。那么,模式和符号也变成了控制这个世界的方式。

(4)重复。重复的表现方式主要体现在两个方面:一方面,在艺术创作中,艺术家将创作的素材进行了反复多次的排列和组合,将同类素材在重复中同时运用于一件艺术作品中,也就是对素材的一种反复运用;另一方面,指艺术创作语言方式的重复性表达,即在艺术创作过程中艺术家运用了多重转换的语言方式将原有的材料进行一而再,再而三的转化并进行重复叙述,在不断重复转化过程中,艺术家的创作观念也随之显现出来。重复与排列的方式在一定程度上可以呈现出机械复制的感觉,无论是规则还是不规则的变化,重复排列所带来的复制感更强调了艺术家的主观意识,而恰恰是这种人为的复制感制造出了难以抵制的视觉力量。

在各种华丽的新媒体装置的内外,有各种与艺术形式密切相关的美学方式。它向人们展示了一种与传统美学不同的美学视角,构建了一个全新的审美领域。计算机网络则是将数字媒体技术相结合建立相应的计算机网络,包括花舞森林的“水晶宇宙”(图 2-14),呈现出了这种技术互动体验,根本原因在于发光粒子打造的虚拟空间,每次闪动都有不同的视觉效果,使展陈空间中的新媒体界面富有趣味性和审美性。

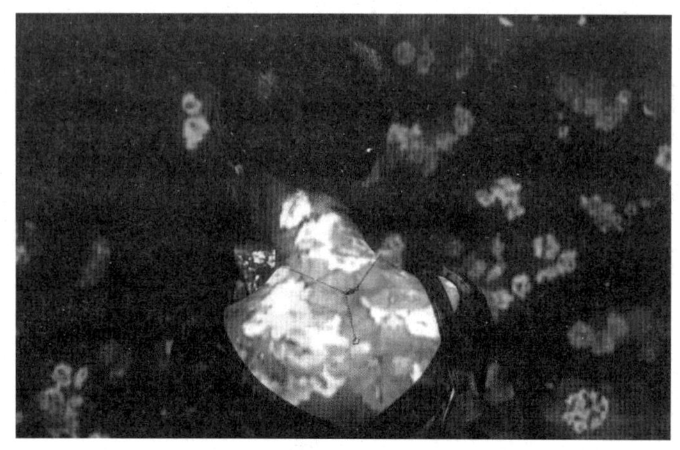

图 2-14 “花舞森林”新媒体艺术展

(二)新媒体技术在博物馆展陈空间中的艺术表达

相较传统的静态艺术展览来说,新媒体艺术展陈作品更具有趣味性和实用价值。新媒体技术本身显然并不具有任何审美特征,而将其创造性地引入主题展览中来,可以形成学术性意图,从而为文化的传播奠定了坚实的途径和基础。客观上来说,博物馆展览的美学的本质是通过新媒体手段重新赋予其更具有延展性的展示形式,并以此为基础吸引更多的欣赏者。图 2-15 为韩国韩古尔博物馆的新媒体技术展现的艺术效果。

图 2-15 韩国韩古尔博物馆

新媒体在博物馆展陈设计领域发挥了重要作用,特别是在“信息化展览”出现之后,新媒体艺术是展览展示设计和信息传播的最佳组合,并成为“新”博物馆展示语言。

“花舞森林与未来游乐园”是 2017 年日本新媒体艺术团体 teamlab 在 798 艺术区内举办的中国的首次大型个展,艺术家通过多媒体技术与现实时空的结合,再融入观众互动因素,给人以视觉上的享受(图 2-16、图 2-17)。采用现代化虚拟现实科技使观众沉浸在美轮美奂的幻景当中,营造出一种人与自然和谐发展的氛围,让观众的五官感受都能够得到满足,这就是艺术的最佳表现形式。

图 2-16　花舞森林与未来游乐园(1)

图 2-17　花舞森林与未来游乐园(2)

由于数字互动媒体基于计算机平台,所以参与者的参与互动实际上是通过不同类型的感应器感知参与者的身体运动和变化,将这些动作和变化转变成数字数据并通过计算机调动已经设计好的程序,从而实现影像或声音的变化。比如一些作品通过参与者骑自行车穿越虚拟的城市,一些作品通过观众的声音实现戏剧化的影像变化,还有的作品引导观众做出各种姿态,捕捉自己的影像和虚拟影像的关系等。

第三章　数字媒体技术下博物馆的公共教育职能

数字媒体技术下的博物馆是依靠现代数字空间技术，依靠现代高科技建立的新型博物馆，主要体现在运用虚拟现实（VirtualReality）、增强现实（AugmentedReality）、计算机网络、立体显示系统（沉浸式虚拟场景）、互动娱乐、特种视效等各项新型数字化技术，从而将现实存在的真实博物馆的三维立体图像完整应用于网络上的高科技博物馆。利用数字技术可以对藏品资源进行开发并进一步拓宽实体博物馆的收藏、研究和创新教育功能。本章将对数字媒体技术下博物馆的公共教育职能展开论述。

第一节　数字媒体技术下博物馆对公众的教育

一、数字媒体技术下博物馆的公众教育特征

数字媒体技术下博物馆的公众教育特征主要体现在以下几个方面。

（一）广泛性

数字媒体技术下博物馆的公众教育建立在网络空间，公众只要具备网络连接

的软硬件条件，都可以访问数字媒体技术下博物馆的网站，获取教育资源，参与其活动，不再受地域时间、环境、资金和身体状况等因素的困扰。网络的发展扩大了博物馆教育的影响范围。世界不同国家、不同地区、不同年龄、不同种族和不同教育背景的人都可以在数字媒体技术下博物馆中得到广泛而持续的教育。

（二）开放性

数字媒体技术下博物馆作为社会教育的一个平台，其教育具有非正式性，不会像学校教育具有诸多限制和要求。观众没有年龄、性别、文化背景、上课时间和上课地点等的局限，可随时随地地接受数字媒体技术下博物馆的教育。此外，数字媒体技术下博物馆的教育将生活、工作和休闲娱乐等结合起来，突破了传统学校教育的封闭状态，整体开放性高。

（三）灵活性

数字媒体技术下博物馆的教育活动内容灵活，有展览讲解、珍品赏析、情景剧场、手工体验、学术讲座、网上课堂和在线讨论等；数字媒体技术下博物馆的教育形式灵活，可进行线下、线上和线上线下联动的形式组织；数字媒体技术下博物馆的教育手段灵活，利用图像、声音、视频和动画等多媒体资源和利用虚拟现实、增强现实等开展在线活动；数字媒体技术下博物馆与教育对象的交流方式灵活，馆方可通过邮件、网上留言板、网上论坛、博客、微信和微博等多种渠道与公众进行交流。

（四）分众性

数字媒体技术下博物馆的教育能够体现对不同教育对象的关怀，可以更好地实施分众教育，即对不同的教育对象开展教育活动。利用藏品数字化资源以及各种展示和传播手段，借助网络和移动互联技术，可为不同年龄段、不同专业背景、不同受教育程度和不同身体状况的观众提供合适的教育内容。而观众则能更加方便和快捷地找到适合自己的教育资源，选择满足自身需求的教育形式。不同观众群可并行获取藏品资源和学术研究资源等，观看在线讲座、参与在线互动游戏等，还可通过手机等移动设备进行服务的个性化订制。

（五）融合性

数字媒体技术下博物馆的教育可以进行广泛的资源融合，不仅将馆内的数字化藏品、数字化古籍资料、数字化图书文献进行最有效的组织和整合,作为素材为某一专题或主题活动服务,而且可以通过互联网融合其他博物馆或文化单位、学术机构的数字资源,对其进行最大化的共享和利用,为教育活动做更好的支撑。数字媒体技术下博物馆的教育可以进行多平台融合,以网络平台为基础,充分利用实体平台和移动互联网平台丰富活动载体、拓展活动空间、提升教育效果;数字媒体技术下博物馆的教育可以进行有效的技术融合,能够将网络技术、通信技术、多媒体技术、虚拟现实技术和智能交互技术等融合在一起,充分借鉴各技术的优势,组织各种形式的活动。

二、数字媒体技术下博物馆的公众教育优势

数字媒体技术下博物馆随着网络社会的日益繁荣,逐渐成为开展网上教育的重要阵地。它与实体博物馆一样,在发挥博物馆的公众教育职能中,充当了非常重要的角色。互联网时代,数字媒体技术下博物馆的信息传播方式更加符合公众的信息获取习惯。其访问便捷、内容丰富和形式新颖的特点使其越来越受到公众的关注和喜爱。对于教育活动的组织和实施,数字媒体技术下博物馆既可独立承担又可与实体博物馆相互配合完成。数字媒体技术下博物馆不仅能够沿袭实体馆的各类教育活动,而且还可以开展独具特色的项目。数字媒体技术下博物馆为每一位观众,不论年龄、性别、专业、地域等,提供了相对公平的学习机会,尽可能地实现了博物馆教育覆盖面的最大化。细数数字媒体技术下博物馆教育的各方面,与实体博物馆的教育相比,其具有以下显著优势。

(一)为公众提供了一个更为松散的非正式学习平台

数字媒体技术下博物馆与实体博物馆一样同属于非正式教育。然而,由于数字媒体技术下博物馆不受客观环境的约束,不受时间的限制,教育活动的安排更加灵活。此外,受海量数字资源和各种新媒体技术的支撑,教育活动的取材和内容的呈现更加丰富,不仅有藏品的二维影像和三维形态模型,而且还有逼真的大场景的虚拟复原,“虚”“实”交错,异趣横生;不仅有正式的在线教学课堂,也有轻松活泼的互动游戏。加之网络与新媒体的联合,使得数字媒体技术下博物馆与公众的互

动交流更加便捷、形式不拘一格,个人电脑、手机、iPad 等都成了学习和交流工具。

(二)能更好地落实“面向对象”的教育

教育的有效性取决于是否能“因材施教”。数字媒体技术下博物馆与实体博物馆都在努力将公众进行划分,开展不同的教育活动。然而数字媒体技术下博物馆所利用的数字资源具有非消耗性、可复制性、易传播性和可共享性,因此能够长期作为更多人群的学习素材,而不会出现资源竞争。此外数字媒体技术下博物馆的分布式架构能为众多用户的并发性需求做出响应,及时提供学习资源和服务,让更多的观众能够同时在线学习而不受到场地或时间的限制。数字媒体技术下博物馆通过网络联系公众的方式,为以往由于地域、经济状况、身体因素而不能参加实体博物馆活动的公众提供了访问、参观和学习的机会,为不同类型的观众设定了学习专区,如老年人专区、残疾人专区等。以上素材的丰富和学习通道的便利使得数字媒体技术下博物馆对教育对象的划分可以更加细致,在活动内容和形式上采取以对象需求为导向。

(三)观众能更好地进行“自我导向性”学习

观众在数字媒体技术下博物馆的网站上不仅能够随意选择展览或藏品,自主参观或浏览,而且可以根据自身需求访问或使用其他资源,如藏品图像、解说声音、讲座视频、出版书籍和研究文献等。同时能根据自己的兴趣爱好,选择活动形式,如专题讲座、在线课堂、互动游戏等。自我安排学习进度、学习计划,实时存储学习进展,可将学习场景随时切换到手机、iPad 等移动设备上。观众不仅可以与活动本身进行更好的互动,而且还可随时与系统进行交流,并能与其他学习者建立联系,利用博客、微博、微信、QQ 空间等社交网络建立兴趣小组,共同讨论,相互学习。

(四)更好地扩充和辅助实体博物馆教育职能

博物馆在构建学习型社会中发挥着重要功能,在配合学校教育和开展终身教育方面起到了特殊作用。数字媒体技术下博物馆与学校、社区、科研机构等建立了密切的合作关系,打破了实体馆中各种客观条件的限制。如与学校合作,建立远程教育平台,制作专题讲座视频,开发各种教学课件;与社区合作,建立文化资源服务平台,不仅提供藏品、文献资料等的查询、检索和下载服务,而且还提供专题讲座或研讨会的视频资料；与科研机构合作，建立资源共享利用平台，可进行藏品资源的交换和共享，书籍、文献资料的共享和利用等，使得资源价值利用最大化。此外，数字媒体技术下博物馆是观众参观前和参观后的最理想、便捷的学习场所，作为实体馆教育活动实施的延续，可为不同地域、国家、语言、年龄和专业的观众提供同等学习的机会。特别是为行动不便的残疾人或存在视、听或运动等障碍的残疾人提供了参观博物馆和参加博物馆教育活动的机会，使得他们能够在家中享受数字媒体技术下博物馆提供的种种便利。

第二节　数字媒体技术下博物馆对学龄前儿童的熏陶

博物馆学龄前儿童教育是博物馆儿童教育的一个分支，是针对学龄前儿童开展的专项的非强制性教育。要求依据学龄前儿童的学习规律，创造相应的学习条件、环境，辅助学龄前儿童主动学习，进行博物馆体验，促进学龄前儿童和谐全面地发展。

一、数字媒体技术下博物馆对学龄前儿童教育的借鉴

数字媒体技术下博物馆对学龄前儿童教育的发展需借鉴多学科成果。学龄前是人社会化的起始阶段和关键时期。此时，适宜的社会性教育能够有力地促进儿童社交能力：爱心、责任感、自控力自信心和合作精神的发展。数字媒体技术下博物馆在实施学龄前儿童教育时不可能只运用博物馆学、历史学理论，还需结合心理学、教育学、管理学、社会学、艺术学等多学科成果，科学设计教育计划、实施教育活动、开展教育评估。如推出展览或开展主题教育活动时，需考虑到儿童观众群体，依照正确的儿童观，把握儿童的心理尺度和感官发育特点，激发儿童观众在学习、体验中的好奇心和学习兴趣，这需要借鉴心理学、教育学理论。学龄前儿童处于形象思维持续发展的时期，对外部世界的各种感性形象表现出浓厚的兴趣，依此可结

合艺术学理论,对学龄前儿童实施审美教育,培养其美感,增强儿童欣赏美、表现美和创造美的自觉性。同时,这种借鉴也可体现在多领域合作上。博物馆与幼教机构科研院所等资源整合,为儿童创造更好的教育环境,促进教育效果最优化,实现合作双赢。多学科融合实施的学龄前儿童教育,必将有利于儿童的全面发展,也是吸引儿童及其家庭走进博物馆感受文化体验的有效途径。

许多数字博物馆对学前儿童观众的调查研究比较匮乏,对学前教育的重要性认识不够。数字博物馆要采取多渠道、多层次的活动形式,让幼儿园和学前教育机构了解博物馆,关心博物馆,走进博物馆,而不是坐等孩子们上门。

学前儿童不是"小大人",对他们的宣传教育不应同于成人,不能给他们成人化的东西,而要适应儿童好游戏、好奇、好模仿、喜欢户外活动的特点,应该能激起儿童的兴趣,调动他们参与的积极性。

有的教育家强调游戏对幼儿人格发展、智慧发展有重要意义,游戏会产生愉悦、自由、满足,以及内在的平安、和谐。互动游戏至关重要,游戏是幼儿起于快乐而终于智慧的学习。

每一座数字媒体技术下的博物馆都应该考虑开设专属孩子的幼儿活动专区,让他们自己动手操作或互动游戏。数字媒体技术下的博物馆最好能够开发一些与文物有关的专属孩子们的玩具,这些玩具伴随他们在数字博物馆里游戏长大,将来他们可能就是博物馆的忠实观众,甚至是建设者。

数字媒体技术下的博物馆早已不仅属于博物馆人或者学者专家的,它是全民的,更应该属于孩子们的,孩子们如果是在参观博物馆过程中长大的,那么他们将来会参加到博物馆的工作中去,把博物馆当做他们的第二个家。

二、国际博物馆学前儿童教育的理念与实践——以史密森早教中心为例

史密森早教中心于 1988 年成立,发展至今已有三个分中心,分别设立于国家自然历史博物馆与国家美国历史博物馆中。

史密森早教中心不仅以博物馆为平台为学前儿童提供高质量的教育课程,也通过在全国层面上共享早期教育的知识与经验,推进博物馆为全体儿童提供更多

的教育机会。如今,史密森早教中心已成为博物馆学前儿童教育的典范,其教育理念与实践都值得我们借鉴与学习。

（一）明确的教育理念

根据学前儿童的身心特点与实际经验,史密森早教中心提出其幼儿教育理念。中心给孩子足够的时间与空间来验证他们好奇心,并深入思考事物的本质,以此用正确的方式教会他们探索知识,而不是简单地灌输知识。明确的教育理念为史密森早教中心幼儿教育的开展提供了根本指导,并使得这些教育项目能符合幼儿的需求,为他们的成长提供切实的帮助。郑奕在《博物馆教育活动研究》中对史密森早教中心关键性的教育理念做了很好的阐释,归纳起来有以下五点。[1]

(1)以孩童为中心学习。“主动学习”是与幼儿一起工作的关键,透过玩耍,孩童将他们对世界的印象表现出来。以孩童为中心学习,要充分尊重孩童的学习特点与习惯。

(2)在现实生活环境下学习。通过社区内的博物馆和文化机构,孩童构建关联,并在有实物环境中产生新想法。这种类型的学习,常常被称作为“体验学习”,它是建立在现实生活环境下的主动学习基础上的。

(3)多样化教学。艺术品以及文化产品激励我们理解所生存的世界,孩童通过艺术家的丰富表达来学习全球多样性和文化多样性。通过博物馆来探索多样性将帮助孩童扩大和丰富个人理解,并接受他人及他们的生活方式。

(4)批判性思考并解决问题。创新看待理念及评论的能力理应被纳入每个孩童的发展和培育。博物馆是开创活动的完美场所,以培育创新性、批判思维以及解决问题的能力。

(5)培养审美观。在博物馆环境中,美学体验的产生源于观察者和艺术品或物件之间的互动。通过音乐、视觉艺术、戏剧以及文化的创意性表达,将孩童与他人的感受和体验联系在一起,将他们导向新的世界观。重要的是,我们要引导孩童,他们关于艺术作品的感受都是个人的,并且是正当的,不管这些感受是什么。

---

[1] 郑奕.博物馆教育活动研究[M].上海:复旦大学出版社,2015:97-98.

(二)面向儿童的分龄化教育项目

史密森早教中心联合国家自然历史博物馆,面向3个月~6岁的低龄孩童开设家庭工作坊。工作坊设置在美国国家自然史博物馆的早教教室,面向所有家庭开放。它由具备早期儿童教育和博物馆教育经验的工作者带领,旨在通过有计划的活动鼓励孩童的创造力,提升他们的读写和批判思考能力,并使参与者分享经验。工作坊围绕某一主题展开,每个主题持续四个星期,每次活动在两个小时左右,包含博物馆参观与教室活动形式。同时,工作坊将这部分儿童按3~18个月、19个月~3岁及3.5岁~6岁细分,根据他们不同的身心发展阶段推出有针对性教育项目。

(1)婴儿项目(3~18个月):以身体感知为导向。婴儿的语言能力有限,主要通过身体感知来认识与表达事物。史密森早教中心根据这一特点,调动婴儿各部分的感知能力,让他们以触觉、嗅觉、听觉、视觉等方式熟悉和了解周边的生活现象。例如,婴儿通过在泥土中玩耍,嗅闻花朵的香味,加深对植物与花园的记忆和认识。

(2)幼儿项目(19个月~3岁):以故事探索为导向。这个时期的孩童处于语言能力爆发阶段,并出现较强的自我意识。他们喜欢听故事,喜欢用语言表达自己的想法,且更加容易记住与他们喜欢的事物相关的内容。史密森早教中心为他们设计了以故事方式呈现的活动,以探索他们喜爱和熟悉的事物。例如,通过引人入胜的故事,配合博物馆参观,让孩童对他们最喜欢的动物有初步的知识掌握。

(3)学前儿童项目(3.5岁~6岁):以艺术认知为导向。诸多的研究表明,学前期是人的艺术才能开始展现的时候。艺术教育可以激发孩童的想象力和创造力,并对健全人格的形成起了重要的作用。史密森早教中心针对学前儿童设计了艺术教育课程,通过对艺术作品和博物馆的观察,让孩童了解艺术的基本表现形式,学会解读艺术作品的含义。同时,这一阶段的活动注重对孩童博物馆情结的培养。目前,史密森早教中心对学前儿童设有以下主题的教育活动:

①艺术ABC:让孩童通过探索艺术形式、线条、材料和技术,了解艺术创作的构建元素。并将它们运用到自己的艺术创作中。

②艺术中的动物：让孩童发现与探索全世界艺术品中著名的动物形象。

③了不起的博物馆：向孩童介绍博物馆和它们的宝藏，让孩子思考博物馆为什么如此重要，并且怎么在博物馆中获得知识和乐趣。

④艺术中的科学：让孩童探索史密森博物馆群众的艺术珍品，以及它们创作过程中的奥妙。

⑤它意味着什么：从自画像到风景画，孩童将从形式和意义的角度探索艺术。

⑥奇迹的世界：从非洲到古代中国，孩童将检视全球各地的事物，并参与活动以能提升他们对文化的理解。

(三)面向教育者的延伸项目

除了向学前儿童开设分龄化的教育活动，中心也向博物馆及教育者提供教育延伸项目。延伸项目包括客制化顾问、专业人才发展、“博物馆魔法”课程及教育资源开发，旨在分享以博物馆为基础的学习方法，并积极地影响在博物馆环境下的早期教育实践。

(1)客制化顾问：早教中心的顾问与各个早教项目组、博物馆学校、小学、博物馆和其他文化机构合作，为这些组织提供客制化服务，以满足他们利用博物馆进行早教的需求。

(2)专业人才发展：早教中心提供全国研讨会和客制化的专业人才发展研讨会。全国研讨会将向学校教育者和博物馆从业人员介绍以博物馆为基础的学习，并对艺术教育在早教中的重要性和方法进行探索。客制化的研讨会则根据合作方的需求、目标和特点，对研讨会精心设计，以传递博物馆早期教育的经验与想法。

(3)“博物馆魔法”课程：“博物馆魔法”是一个以博物馆为基础的幼儿课程。它作为早教中心项目开展的基础，同时也为博物馆或幼儿园发展幼儿教育项目提供框架指导。如果机构或组织准许并使用此课程，还将获得研讨会的优惠和额外的专业支持等。

(4)教育资源：史密森早教中心联合其他组织，设计了多种客制化的教育资源。每个资源包都包含了三个主要元素，即儿童文学、实物以及图片(复制品和艺术明信片)，为早教项目的目标和标准提供支持。

我国数字媒体技术下的博物馆在学前儿童教育方面仍处于缺失状态,还未对这一群体儿童引起足够的重视。我们可借鉴史密森早教中心理论与实践经验,从理论研究、政策保障、教育项目的实施和社会资源的利用方面,提升我国博物馆学前儿童教育功能。

第三节 数字媒体技术下博物馆对青少年的培养

一、依据青少年的不同年龄设置教育项目

博物馆关注的是青少年的教育,因此在设置教育项目时,对于青少年年龄的考虑各有侧重。大都会博物馆网站首页“学习”菜单项下的青少年栏目中的“青少年项目”(TeenPrograms),主要针对 11~18 岁的青少年设置了各类教学活动。美国自然历史博物馆网站首页“学习和教授”菜单项下按学生的年级进行了栏目划分,6~8年级、9~12 年级和高等教育三个阶段限定了青少年的年龄范围,分别提供了相应的学习资源和活动内容。大英博物馆网站首页“学习”菜单项下的“学校和教师”栏目则以 12~16 岁和 16 岁以上的分段形式限定了青少年的年龄,分别设置了相关教育活动。英国泰特美术馆网站的在线项目泰特藏品(Tate Collectives)则限定为 15~25 岁的青少年服务,帮助他们欣赏、分享和讨论艺术品,参与某个艺术展厅的具体项目。上海博物馆网站首页的“教育学习”菜单项,按中学和高中划分了青少年观众的范围,设置了相应的参观、学习内容。

二、数字媒体技术下博物馆对青少年培养的优势体现

数字媒体技术下博物馆为青少年提供了更加自由、开放、便利的学习空间,与实体博物馆相比,其主要优势可以从以下几方面分析得到。

(一)教育活动区分细致

数字媒体技术下博物馆针对青少年群体的教育活动区分相对于实体博物馆显得更为细致,不同年龄层次的青少年更容易找到适宜自身水平的教育形式及活动,找到满足自己需求和学习目的内容。数字媒体技术下博物馆通常会按学生年龄或所处学制阶段作为各项教育活动分类的依据。如大英博物馆网站“学习”菜单项下的“学校和教师”栏目以年龄为划分依据,分为12~16岁和16岁以上两类,根据各自类别学生的学习特点和知识储备情况分别组织了适应其需求的相关教育活动。而美国自然历史博物馆网站“学习和教授”菜单项下按学生所处的年级为分类依据,分为6~8年级、9~12年级和高等教育三个类别,根据不同年级的教育特点和青少年的知识需求情况,为各类别提供了相应的学习资源和活动内容。❶

(二)遵循青少年的心理特征

数字媒体技术下博物馆在开展青少年教育上的一大优势是能够让青少年张扬个性,保持其学习方式和策略等的独特性,充分发挥其自主和自导能力。一方面,青少年处在一个自尊心极强,又相对封闭自己的阶段,没有传统学校教育中的面对面或者学校组织的实体馆群体参观,从而使得青少年容易克服在人群面前的羞涩心理,可以直接地表达自己的意见而不必担心出现错误而遭受嘲笑。另一方面,数字媒体技术下博物馆的网上环境允许青少年自己控制节奏。青少年接受新事物、获取相关知识有快有慢,在网络空间下,他们可以根据实际情况放缓浏览参观的速度,避免受外界人或物的干扰,思想上不会出现从众和服从权威的想法。此外,因为青少年注重自己在外界的印象如何,所以在现实生活中,一些青少年会压抑自己的想法,控制自己的言行以避免给众人留下不好的印象。数字媒体技术下博物馆提供了一种非完全“面对面”的学习交流场所,通过一个虚拟代理账号,青少年可以自由表达观点和想法、发出信息行为,而不用考虑自身“完全暴露”。不同的虚拟代理账号构建了群体交流的基础,人和人之间的性别、年龄、身高、体重和身份差异等已经被转换为一种非常模糊的隐性存在。这种环境下,青少年完全可以自由

❶ 详情参见美国自然历史博物馆网站的“学习和教授”部分:http://www.amnh.org/learn-teach.

选择真实地公开、半公开或不公开自己的个人情况。

（三）教育灵活

从数字媒体技术下博物馆教育的灵活性进行分析，它倡导的是一种自导式、探索式的教育。数字媒体技术下博物馆不受时间和空间的限制，为更多的青少年提供了相对公平的学习体验机会，他们可以随时随地参观展览、参与活动，不再受到学习条件的限制。学习环境方面，数字媒体技术下博物馆可以综合实体资源和数字资源的优势，借助不同载体，给青少年带来“虚实结合”的终身学习体验。教学形式方面，借助虚拟现实、增强现实等技术，完全可以构建情景化教学模式，让青少年沉浸其中，通过任务设定、奖赏和反馈等机制塑造他们的成就感、增强其自信心，充分调动他们的参与热情。这些特征在游戏类教学项目中表现尤为突出，如冒险类游戏、益智类游戏等。互动方式方面，通过鼠标、键盘、眼动仪、语音识别设备和行为识别装置等，可以实现视觉、听觉、触觉和运动觉方面的交互，使得教育效果通过互动而逐步提升。此外，“人”与“人”和“人”与“物”之间的信息交流变得更为直观和通畅，进一步推动了教育活动中各项环节的顺利开展。网页功能方面，网页提供的检索、查询、浏览和下载等功能为青少年自主导航、自我探索和自行参观创造了条件，为青少年以自我导向为基础的探索性学习奠定了基础。此外，网页提供了文字、声音、视频和动画等内容呈现形式，也吸引了一大批热衷于数字化媒体的青少年，他们喜欢在变换无穷的数字空间中体验藏品之中蕴藏的乐趣。

（四）有利于培养青少年非线性的思维方式

从数字媒体技术下博物馆教育形式的多样性以及跳跃式的非线性藏品展览进行分析，数字媒体技术下博物馆更有利于培养青少年非线性的思维方式。数字媒体技术下博物馆利用各类资源，能很好平衡娱乐和学习之间关系，倡导以学生为中心，开发基于游戏、虚拟课堂、在线影院和在线创作室等的形式多样的教育活动，突出互动交流，能满足学生的好奇心。这样的模式活跃了学习氛围、调动了青少年学习的积极性、拓展了他们的思维、提升了他们的创造力。依托于藏品数据库的管理和组织，数字媒体技术下的博物馆可以按不同信息将藏品进行关联，将藏品进行最大限度地整合和利用，构建不同的专题展览。这种不同信息的交织、不同藏品的关联、不同形式的表现可以培养青少年的发散性思维、拓宽青少年的想象力、激发他们自我探索的意识。青少年通过思考藏品间的各种可能关系，绕开了传统单一展览模式对其产生的固定化思维的影响。

（五）更了解青少年的信息需求和形式偏好

数字媒体技术下，博物馆可以通过对浏览博物馆网站的数据的收集和分析，发掘青少年的喜好和搜索习惯，更为清晰地了解到青少年的信息需求和形式偏好等，从而提出改善教育活动的有效方法。而从青少年个体角度出发，数字媒体技术下博物馆记录青少年的线上学习行为、学习时间和测试结果等情况，借助数据分析手段为青少年匹配最为适宜的“因材施教”内容和教学方案，能够有效地解决在传统教育时代针对个人设计学习方案成本高、难度大的问题，能够使得教学资源得到优化配置，提升教学效果。同时从青少年喜欢定制及个性化发展的角度而言，这样的方式无疑对数字媒体技术下博物馆教育的开展大有裨益。

诚然，数字媒体技术下博物馆在青少年教育方面具有诸多优势，但也应注意与实体博物馆相结合，充分发挥各自的特点，整合资源，共同完善博物馆的青少年教育职能。

三、数字媒体技术下博物馆推出的多样化教育形式

（一）通过虚拟现实、增强现实等手段

科学技术的发展使得虚拟参观、浏览成为数字媒体技术下博物馆的一种教育手段。它通过虚拟现实、增强现实等手段，增加了画面的立体感，注重空间层次，使得空间上有起承转合，让参观者在场景漫游时也能感受到空间的变化与层次感，产生类似于在现实空间中的临场感和真实感。而青少年群体好奇心强，推崇创新，注重感受，具有开阔的视野，对新鲜事物充满好奇心，也愿意尝试新事物，这样的一种虚拟参观为青少年观众提供了新颖的体验式、情景式学习机会，在给青少年群体带来惊喜和触动的同时，更为知识的推送营造了宽松、愉悦的氛围。例如卢浮宫的“虚拟展馆”和北京故宫的“360 度游览紫禁城”，都是模拟了对应的实体博物馆，再现场景的同时也提供了随时随地参游览的条件，使得青少年可以在自导自游中获

取信息。此外,虚拟现实技术可以创建出微观世界探索、虚拟考古发掘、浩瀚星际漫游等情景,使得抽象的、不可触及的内容或对象具体化和形象化,让青少年在觉得"酷、有意思、好玩"之余获取知识。同时,多媒体技术也可以构建起新的展陈形式,将展品放置在重新构建的情景中,通过全方位、全景展示,可以使得青少年在参观时获得与在实体馆中不同的参观体验。随着实时互动技术的发展,全维度的实时交互成为可能。参观者不仅能对文物进行拉近、推远、放大、缩小和旋转等操作,而且还可以自己动手进行拆解、组装,能体验到实时交互的乐趣。青少年群体本身感知觉灵敏,其记忆力和思维力都异常活跃,对于即时反应和回馈尤为偏爱,这样的实时交互无疑将对青少年群体的学习起到极大的促进作用。

(二)制定个性化定制服务

越来越多的数字媒体技术下博物馆推出了个性化定制服务,来满足青少年不同的个体需求。例如,以"我的博物馆"形式向青少年推介符合观众兴趣的藏品,或者以 RSS 订阅的形式向青少年群体推送和展示博物馆中的极具特色的展品。这些模式被众多的博物馆所采用,例如,对于大都会博物馆和大英博物馆,青少年可以通过登录"我的博物馆"获取各种信息。这些个性化的定制服务可以很好地匹配青少年注重自我、张扬个性的群体特征,与其喜欢个性化的学习特征相符。数字媒体技术下博物馆推出的这些个性化定制服务以青少年作为教育主体,采取针对性的教育方式。在内容和形式确定上,以青少年的兴趣、特长和能力为依据进行设定,注重突出利用"我"字进行情感沟通。这些个性化定制服务不仅提升了博物馆教育信息传递的精准度,而且能增强数字媒体技术下博物馆教育对青少年的吸引力,切实提高数字媒体技术下博物馆教育的实施效果,能在博物馆和青少年之间建立起长期稳定的联系。

(三)创建专属于青少年的网络空间

数字媒体技术下博物馆已有展览空间、教育空间和信息发布空间等,不仅关注的是青少年,同时也涉及成年人和儿童等。青少年需要在内容、形式上筛选出满足需求的部分。这种非便利性、非直接性的形式并不是一种最理想的模式。

越来越多的博物馆开始着手于创建专属于青少年的网络空间,更有针对性地进行信息推送和知识传播,实施具体教育活动。在专属网站空间方面,纽约现代艺术博物馆(MoMA)的"红工作室"(RedStudio)是专门为青少年开发的网站(图3-1)。2004年,在MoMA的工作人员和一些高中生的共同合作下建立了该网站,旨在探讨青少年对现代艺术提出的问题、介绍当今的艺术家,讲述博物馆场景背后的故事等。网站以访谈和互动为主要形式,内容定期更新和扩充。其中的"REMIX"在线项目是一个拼图互动游戏,参与者可以选择图像背景和图形形状进行拼合,同时可以在图像上自由绘制线条和其他图形等完成最终的拼图作品。参与者可以根据需要对作品进行保存或删除。而"FAUXTOGRAM"是一个受光影图像成像过程启发所建立的互动项目。该项目让参与者在不使用照相机的情况下,模拟成像过程,通过选择、编排、分层和曝光环节在虚拟像纸上制作照片。

图3-1　纽约现代艺术博物馆(MoMA)的"红工作室"网站界面

(四)提供在线资源

数字资源在博物馆开展青少年教育中发挥着重要作用,各种在线资源的提供更是充分拓展了数字媒体技术下博物馆的教育功能。美国众多博物馆在苹果线上商店上发布自己的博物馆数字资源,从青少年最为熟悉的网络平台入手,从而激发青少年的学习兴趣。美国史密森旗下的美国国立历史博物馆在苹果(图3-2)线上商店ItunesStore为青少年提供了上千种免费课程、视频和书籍,以及来自世界各地学习机构的博客信息。青少年可以通过苹果电脑、苹果手机、iPad和iPod等设备下载讲座视频、音频、PDF 文档等。这些内容根据不同主题组织藏品，如动物学、植物学、博物馆教育，甚至展览本身。

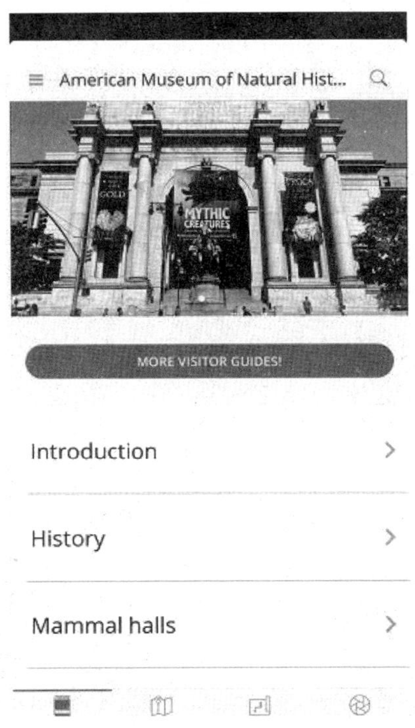

图 3-2 美国国立历史博物馆苹果 App 截图

除了通过苹果商店，一些博物馆直接通过自己的网站来提供众多的线上课程以及各种资源的下载。通常，博物馆网站会推出独立的课程计划、学习书籍、资料照片、工作表、活动视频、参考书目、讲座音频和博物馆期刊等各种资源的下载和共享。除了展厅内提供给观众的纸质出版物和教育材料外，纽约大都会博物馆几乎将所有的教育产品与资源都通过网络提供给参观者。此外，青少年关注身心愉悦，注重博物馆的娱乐性和趣味性，这意味着集知识娱乐于一体的互动内容无疑更能激发青少年的参观学习兴趣，健康、益智、有趣的线上游戏能吸引更多的青少年参与，他们在休闲娱乐的同时，无形之中提升了对某一概念、事件、人物、物件等的认识。例如，大英博物馆网站也为年轻的参观者提供了探险类、益智类等在线游戏，如"Museum Run""Little or Large""The Great Big"等，围绕博物馆的藏品资源设定不同文化主题的游戏内容,使抽象的概念具体化和形象化。这些游戏不仅能让青少年直观感受藏品的外在特征,而且也能让青少年通过比较和分析进一步了解其内在艺术价值、历史价值和工艺价值等。

(五)发展基于移动互联的教育项目

当前,媒体的移动化成为新的趋势,移动互联网及移动终端的发展能更好地保障人们随时随地获取信息。众多博物馆积极发展基于移动互联的教育项目,充分利用移动信息技术延伸博物馆教育时空,拓展博物馆教育领域,方便青少年在任何时间、任何地点进行移动学习。博物馆移动网络教育项目可包括依托移动应用程序的移动馆藏推送、社交媒体互动虚拟参观访问、基于输入——输出技术的即时获取服务、互动展览体验、公众科学素养拓展游戏与活动、数字导览服务等。这种新型的移动网络教育项目迎合了青少年希望自由表达和自主决策的心理特点。在这其中,移动社交媒体将起到联结和活化整个博物馆网络教育的关键作用,因为青少年在各类博物馆网络教育项目中所获得的知识和体验都可以通过移动社交媒体进行随时随地分享。移动社交媒体的运用将进一步增强博物馆网络教育的吸引力,引起青少年群体的格外关注。

第四节　数字媒体技术下博物馆与高校的合作教学

一、现代远程教育网上公共资源建设——大学数字媒体技术下博物馆建设工程的启动

为使各高等学校的博物馆资源实现共享,充分发挥大学博物馆在教学、科研和科普社会服务中的作用。从 2001 年起,在《面向 21 世纪教育振兴行动计划》“现代远程教育工程”中央财政专项中专门设立了“现代远程教育网上公共资源建设大学数字媒体技术下博物馆建设”项目。大学数字媒体技术下博物馆建设内容主要

包括:藏品、标本的数字化;标本数字化所必需的数字处理设备;基础设施和研究条件的改善;数字媒体技术下博物馆系统的网络建设(包括服务器、系统布线、网络接口设备等);数字媒体技术下博物馆的标准和公共软件平台的开发与研究工作以及多媒体展示系统等。

2001年,教育部设立实施了“现代远程教育网上公共资源大学数字媒体技术下博物馆建设工程”项目,重点支持十座左右有特色的大学博物馆进行数字化改造。在此资助和带动下,当时已有北京中医药大学中医博物馆、昆明理工大学矿物数字媒体技术下博物馆、中山大学生物数字媒体技术下博物馆、北京大学地质数字媒体技术下博物馆、清华大学美术学院数字媒体技术下博物馆等18座大学数字媒体技术下博物馆开通。尽管都属高校博物馆,却各有特色,很具有代表性,为今后的大学数字媒体技术下博物馆建设树立了典范。不仅有这些实践,对大学数字媒体技术下博物馆的理论探讨也从各方面展开,而且从大学构建数字媒体技术下博物馆的优势、建设思路及步骤直至标准规范,研究越来越深入。

此外,为了促进博物馆事业发展,发挥博物馆功能,满足人民精神文化需求,提高人民思想道德和科学文化素质,我国于2015年3月20日开始颁布实施《博物馆条例》,这是我国博物馆行业第一个全国性法规文件,是在新的国际国内环境下,中国政府立足于国际数字化新技术变革大势,作出的全面提升中国制造业和博物馆发展质量和水平的重大战略部署。数字化博物馆,旨在提高传统博物馆的教育、研究和欣赏功能,运用现代信息技术,开展形式多样、生动活泼的社会教育和服务活动,实现高校博物馆教育与教学相融合。

二、数字化与大学博物馆教育

2015年的《博物馆条例》把“教育”列为博物馆各项功能之首,并明确指出要“利用博物馆资源开展教育教学、社会实践活动”,可见国家对博物馆教育功能的重视。早在1990年,美国博物馆协会就将“教育和为公众服务”视为博物馆的中心和要素,从博物馆历史发展阶段来看,当下博物馆比任何时期都重视“教育”问题。身处教育育人之地的高校博物馆自然不例外。如何将数字技术最有效地发挥出来,与高校博物馆教育教学相融合,形成一种创新教育,寻找一条提高人才培养质量、普及国民教育新途径的道路是很多高校博物馆关注的热点。

高校博物馆传播知识的形式与传统课堂教育不同这点不言而喻。而数字媒体技术下博物馆与实体博物馆相比较,具有信息实体虚拟化、信息资源数字化、信息传递网络化、信息利用共享化、信息提供智能化、信息展示多样化等特点。它突破了空间和时间的藩篱,能在任何时间、任何地点上网参观,利用方便。通过对实体博物馆数字资源(包括文字、图像、声音等)进行优化、编辑、提升和创新,利用数字多媒体技术创造出了逼真、形象、生动的展示效果,使提供的知识信息丰富、生动、多彩。而在展览中使用数字媒体技术下博物馆技术,可以让来博物馆参观的人员体验到寓教于乐,在愉悦的参观与互动中受到教育。数字媒体技术与高校博物馆教育的有机结合,使博物馆逐渐从高校教育延伸到社会全体的知识普及,具有普遍教育意义。不同年龄、不同教育程度的学习者都可以利用这种创新的数字化博物馆,激发他们不断增强求知欲望,从而实现高校博物馆广义的育人目的。

三、数字媒体技术下博物馆与高校的合作意义

大学博物馆是高等学校文化技术设施的重要组成部分,是收集、研究、保护、展示各种重要文物、标本的场所,是高等学校一个十分重要的资源。而数字化博物馆是开展创新教育和提高人才培养质量的重要途径,通过数字化博物馆,博物馆可以参与文化建设和对外文化交流与合作,挖掘藏品内涵,又可以与文化创意、旅游等产业相结合,开发衍生产品,达到促进博物馆发展的效果。

博物馆数字媒体技术具备了"任何人在任何时间、任何地点可以浏览虚拟博物馆"的特征,无论参观者来自世界的任何角落,且无论是在开馆还是闭馆期间,观众均可以借助网络浏览博物馆的数字资源。数字媒体技术下博物馆与高校的合作意义可以从以下几个方面来看。

(1)文化和教育的融合。文化和教育的融合主要体现在数字媒体技术下博物馆的互动性上,学生可以通过特殊的展柜设置,做更多的交互式的接触。后期,可通过协调各个博物馆,将文物复制品带到课堂,让更多学生近距离地感受文物。另

外,在内容策划方面,高校博物馆更具有学术研究优势,我们可通过文物走进课堂等交互式装置,与高校博物馆进行联合开发、推广。

(2)高校的数字人文。数字人文就是应用数字资源的方法来解决人文问题。现在许多的科学理论都储存在非结构化的文档里,论文没有结构,知识点也没有形成系统,未来,可通过高校的数字人文,形成一整套完整的知识理论体系。

(3)数字化是现代人工智能技术及文化事业发展的必然结果。科技发展日新月异,博物馆也要适应潮流,与时俱进。近年来的 VR、AR 等虚拟现实技术以及现实增强技术,具有把整个博物馆、遗迹、文物三维成像,同时满足 360°观看、随时放大缩小的功能。新技术赋予了博物馆新活力,数字展厅的建立,符合当今社会的发展趋势。博物馆数字化技术教育体现了学习的趣味性、娱乐性,学生自愿与自我导向,以学生的兴趣、好奇、探索、幻想、互动为出发点,从而产生学习动机,在玩乐中感受文化陶冶。借助数字化技术,博物馆教育活动可以像游戏一样让人产生强烈的新奇感、兴趣感和刺激性,让人感到愉悦。不但在展现形式上生动、立体、全面,而且在宣传上低碳、环保、节约成本,教育效果十分明显。

(4)博物馆数字化是现代化管理的必然要求。博物馆数字化即使用网络化办公,突破了时空限制,交流的信息量增大的同时,耗费的时间大大压缩,切实提高了工作效率。同时数字化后借助网络进行文化交流,实现了高速、高效的现代化办公管理,节省了人力、物力、时间和空间,起到了优化成本和工作网络系统的作用,这些都可以促进博物馆事业以及博物馆管理的飞速发展。

(5)有利于普及教育。博物馆的目的是为高校教育服务,从一开始中国的博物馆就与高校融为一体,是重要的教育和研究机构。博物馆数字化教育是高校教育的重要工具,不仅要服务高校教学和学科建设,还要积极履行公共文化设施职能,充分实现社会教育功能。高校博物馆借助数字化技术,可以全时段地向社会和公众开放,起到了普及大众教育的社会义务,有利于文化的快速传播,促进社会文明发展,同时反过来也可以吸引广大青年学生投入数字化建设的队伍里来,积极投身数字化博物馆的建设,促进中国人工智能的发展。

在高校博物馆领域,现代高校数字化博物馆已经是研究、教育、宣传和普及科学文化艺术知识,提高广大学生学习积极性以及普及国民知识的一种途径。博物馆的数字化建设已经成为新时代潮流,具有广阔的发展前景。

第五节　数字媒体技术下博物馆对残障人群的教育

一、数字媒体技术下博物馆对残障人群教育的优势

数字媒体技术下博物馆的先决条件就已经决定了其对各类人群无可比拟的接纳性。数字媒体技术下博物馆借助多种辅助手段,在不受时空限制的情况下可以将不同内容、不同形式、不同主题和不同面向的信息传递给残障人群。数字媒体技术下博物馆与实体博物馆相比,在残障人群的参观访问方面具有以下显著优势。

(一)具有安全性

安全性是保障残障人群顺利参观博物馆的先决条件。数字媒体技术下博物馆寄生于网络空间,没有实体空间中的交通、火灾和水灾等隐患。此外,由于残障人群的任何信息获取和使用行为都在网站上进行,避免了其在实体空间中进行活动时人身安全所受到的各种可能威胁,如碰撞、冲击或摔倒等,同时也不会出现方向上的迷失。

(二)提供方便

数字媒体技术下博物馆是通过网络进行传播的,对于互联网延伸可达的世界任何角落的残疾人而言,他们都有参观数字媒体技术下博物馆的可能,只要配有连接网络的基本设备就能实现。他们通常只需要轻点鼠标或键盘就可以进行在线参观浏览,并能按需查找藏品信息、研究资料、讲座视频和专题课程等。

(三)节约成本

数字媒体技术下博物馆降低了帮助残障人群进行参观的各类成本。对于参观者而言,节省了到达博物馆的时间成本和资金成本,减少了辅助参观的物力和人力

成本;对于博物馆而言,降低了为了满足残障人群参观需求所支出的物力、财力和人力成本,如配备轮椅、语音导览、手语讲解员和专门服务人员,设置专门参观通道、休息区和电梯等。

(四)导向自主

数字媒体技术下博物馆为残障人群提供了更加自由、开放的空间。残障人群不再需要他人帮助便可自我选择是参观展览、欣赏藏品、阅读研究资料、观看视频讲座还是进行在线讨论等。此外,对于具体藏品的欣赏和了解,可以找到符合自己信息获取或交流习惯的形式。如具有听觉障碍的参观者可以选择欣赏图像、三维模型或视频等,通过留言板、电子邮箱与他人或馆方进行交流;具有视觉障碍的参观者可以收听音频,收听视频资料,通过语音信箱与他人或馆方进行交流;具有言语障碍的参观者可以任意选择浏览二维平面媒体、三维立体模型或收听音频、观看视频资料,并通过文字留言板、电子邮件与他人或馆方进行交流。

二、数字媒体技术下博物馆对残障人群教育的设计优化

虽然数字媒体技术下博物馆具有以上显著优势,规避了在现实空间中可能存在的问题,但是就数字媒体技术下博物馆自身而言,其无障碍方面的建设就是要利用移动互联、多媒体和检测传感技术等,完善数字媒体技术下博物馆网站的信息组织和服务,搭建参观、浏览、学习和互动交流的环境,为残障人群提供无障碍的服务。数字媒体技术下博物馆对残障人群教育的设计优化具体来说,主要体现在以下几个方面。

(一)针对“听力受损参观者”

博物馆主要提供助听器以及实时字幕帮助他们参与活动。活动形式主要有展厅内会谈、讲座和研讨会。在大厅的语音导柜台,参观者可以获得调频辅助听力设备。例如在格雷斯罗杰斯大会堂(Grace Rainey Rogers Auditorium)和 Ruthand Harold D.Uris 教育中心都配备了红外线的声音增强系统(耳机式和颈环式)。同时博物馆还提供了可控制音量的有限数量的 T-switches 模式的颈环式语音导。此外,博物馆可以根据观众需求提供实时字幕服务,参观者提前三个星期就可以获得

讲座字幕。除辅助设备和信息在网站上有介绍和说明之外,网站按“未来 7 天”“这周末”“下周末”“未来 30 天”和“所有即将开始”的形式对具体的会谈、讲座和研讨会进行了组织,并提供具体活动的详细信息。

(二)针对“耳聋参观者”

博物馆主要通过手语讲解和实时字幕帮助他们参与活动。展厅内的会谈以手语的形式呈现或是配备手语翻译。参观者可以在网站上找到配有手语翻译的活动,以及仅以手语进行讲解的活动。博物馆可提供实时字幕服务,最好在讲座开始前三个星期获得。网站上可以提供“所有即将开始”的活动信息。

纽约现代艺术博物馆网站(图 3-3)针对“耳聋或听力受损者”,参加者主要通过手语、文本和助听器等参与“讲解 MoMA”“公众活动”和“展厅解说”三类活动。“讲解 MoMA”主要由馆方根据一个展览主题对参加者进行手语讲解。“公众活动”是在循环或红外声音增强系统的帮助下让参加者参与一般性活动。“展厅解说”主要是让参加者通过调频助听器参与围绕展览及藏品的讲解活动。

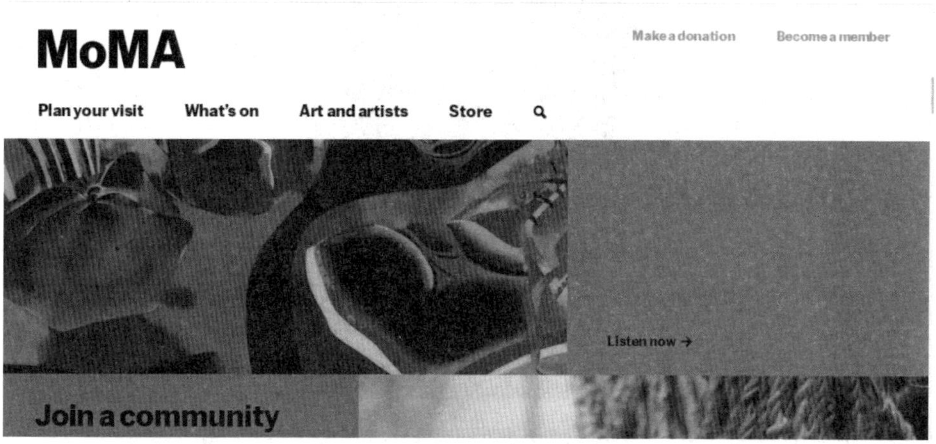

图 3-3　纽约现代艺术博物馆网站截图

再如美国佛罗里达自然历史博物馆(Florida Museum of Natural History)针对失聪参观者多以文字链接为主。此外,伦敦的泰特美术馆则专门开发了一个 Map 在线项目,专门为对艺术感兴趣的失聪参观参观者而建立。通过文本、视频、图像增强和解构以及动画等形式,以精心设计的顺序逐一介绍作品的细节,从而使得残障人群对作品形成全面的了解。作品介绍和讲解取材于马蒂斯和毕加索的杰作。整个项目分为两部分:“马蒂斯 - 毕加索”和“每天的转化”。“马蒂斯 - 毕加索”主要以马蒂斯和毕加索的四幅作品为对象探讨他们的创作理念、动机及其影响等问题。图 3-4 显示是一幅毕加索作品的交互式观赏界面。而“每天的转化”主要围绕来自对日常生活物质世界感兴趣的艺术家们的 6 幅新作,展开相关理念、观点和创作的讲解。

图 3-4 毕加索作品的交互式观赏界面

(三)针对“盲人或弱视参观者”

博物馆主要借助语言想象(Verbal Imaging)和触摸的方式帮助他们参与活动。整体活动分为计划类项目和需求类项目。例如大都会博物馆计划类项目分为:针对成年人的活动“想象一下”(Picture This),主要通过细节描述、触摸和其他方式让参观者能够了解藏品信息;针对年龄在 5~17 岁的失明或弱视孩子的家庭活动“想象一下”(Picture This),通过细节描述、触摸和其他方式来充分调动孩子的感官,让他们制作自己的艺术品并带回家;针对成年人的活动“通过绘画来看”

(Seeing Through Drawing),是以博物馆藏品作为灵感源,学习可实现的绘画技巧。需求类项目分为:触摸藏品项目,主要是让参观者通过触摸藏品而建立对藏品的直观认识,涉及的藏品种类繁多,例如,从1世纪的罗马大理石台阶到20世纪的一个因纽特人母子雕像;语言想象项目,参观者主要通,过讲解员详细的语言描述来感受藏品或展览;导览参观触摸古埃及项目,参观者主要在导游的带领下,通过触摸6座雕像来了解古埃及。除以上两类项目外,博物馆还专门为眼盲儿童和弱视儿童提供了一本名为《艺术与字母:一次感觉体验》的书。该书主要通过彩色复制品、大字、盲文和触觉图片来介绍馆藏精品。针对所有的盲人或弱视参观者,网站上也提供了"未来7天""这周末""未来30天"和"所有即将开始"的各类活动信息。

再如纽约现代艺术博物馆网站针对"盲人或弱视者",参加者主要借助盲文地图、语音导和触摸的方式来参与"视觉艺术""触摸参观"和"MoMA语音:视觉描述"三种类型的活动。"视觉艺术"主要先让参与者认真倾听专业讲师对艺术品的详细描述,之后针对主题、艺术家以及展览开展讨论。"触摸参观"主要让参加者通过触摸挑选出的雕塑或其他藏品从而建立对藏品的感性认识。"MoMA语音:视觉描述"主要让参加者收听关于藏品介绍和描述的语音信息。

(四)针对"具有发展和学习障碍以及具有自闭症的参观者"

博物馆网站可以提供多种形式的感知觉体验活动信息,包括触摸和制作艺术品等,每个环节都围绕一个主题展开。例如,纽约现代艺术博物馆网站对于"具有发展和学习障碍以及具有自闭症的参观者",博物馆先组织参加者围绕一个主题在展厅内进行参观,之后参观者根据自身体验和与教育人员交流的情况而创作自己的艺术品,整个创作活动在手工工作坊内进行,并有专人指导。每个月的创作主题都不同,一些创作活动的过程或成果会在网上展示。

(五)针对"痴呆人群和其陪护人员"

例如大都会博物馆特别设计了一些艺术活动。主要分为"MetEscapes"和"Sights &.Scentsat The Cloisters"。网站为参观者提供了这些活动的基本介绍和须知。"MetEscapes"主要是在展厅或教室组织讨论、艺术创作以及其他互动多感官活动，引领参观者了解馆藏。“Sights &.Scentsat The Cloisters”主要是让参观者感受一个封闭花园的宁静氛围，欣赏修道院博物馆和花园的静谧景色，从而将参观者带入中世纪。工作人员会组织大家对所看到的物、景进行讨论或绘画等。

再如，纽约现代艺术博物馆网站针对“痴呆者”，主要组织痴呆患者在家人或朋友的陪同下进行展厅参观，或是参与阿尔兹海默症项目。阿尔兹海默症项目是纽约现代艺术博物馆的一个特色项目，设有专门的网站，主要帮助失智人群了解艺术。网站开设了相应的培训课程和活动，并为患者家人提供教育经验等。除此之外，纽约现代艺术博物馆网站还提供了方便残障人群参与的活动信息，并标出了注意事项。

上面例举的纽约现代艺术博物馆网站的“学习”栏目，都有针对残障人群的专区。主要划分为“高中以下学生和老师”“具有发展和学习障碍的个人”“盲人或弱视者”“失聪或听力受损者”和“智力残疾者”。在这些不同类型的群体栏目下，提供了适合其参与的活动内容介绍、参与注意事项、活动安排和活动反馈等方面的信息。对于“高中以下学生和老师”，博物馆专门为高中以下具有听觉、视觉、行动等障碍的学生提供了许多活动和学习资源以培养他们的自信心、锻炼他们的批判思维能力。在博物馆工作人员的协助下，每个学生可以根据自己的需求、兴趣和生理状况制订其适合参与的活动。

第四章　博物馆公共教育中的数字媒体技术

博物馆展示中任何一种新技术的引入,都需要进行转化和适应,以符合展示的需要。就数字媒体技术而言,展示设计师除了要了解各种数字媒体技术的功能、表现能力和效果,关键是要真正谙通数字媒体技术在博物馆展示中应用的基本原则和要求,这样才能将数字媒体技术恰好地融入展示中,发挥数字媒体技术对展览的辅助作用和阐释作用。随着计算机和互联网的不断发展,以电子信息技术为首的数字时代已经逐渐融入社会的各个行业阶层,并产生了深远的影响。在此背景下,博物馆与数字媒体技术相结合,可以更好地发挥互联网的优势,拓展博物馆的传播渠道和教育方式,为博物馆实现自身价值起到了重要的作用。

第一节　博物馆公共教育中数字媒体技术概述

所谓数字媒体技术,是指利用计算机以数字化的方式将文本、动画、图形图像、音频和视频等多种媒体的优势集成在一起,从而使计算机具有表现、处理、存储多种媒体信息的综合能力,并且能更为直观和快捷且不受时间和空间影响的全新的数字媒体也很快出现在人们面前。目前,应用于博物馆展览展示中的数字媒体技术主要有音频技术、影像技术、数字媒体触摸屏技术、数字媒体场景合成技术、虚拟现实、全周全息幻像数字媒体、复合动态全息数字媒体、情景交互数字媒体、4D 动感影院数字媒体、天象动感穹幕数字媒体以及数字媒体网络技术等。

一、主要数字媒体技术应用及其功效

(一)显示屏或触控屏技术

1.应用对象

应用对象主要是指博物馆展示中那些传统媒体不能达到信息传播的理想效果的文字和影像资料。主要有以下几种情况。

(1)传统图版无法容纳的海量信息。当博物馆展示中需要向观众提供大量的深度信息而使用传统图文版会占用较大面积并影响展厅美观时,可利用数字媒体平台进行循环播放或由观众自主点播浏览。这既可节约展示空间,又实现了传播目的。

(2)需要实时动态展示的内容。有些内容的展示是实时动态的,比如,与展厅内的观众进行视频互动,或者实时传送其他画面。如上海科技馆的"动物世界"展示中,为了让观众了解到我国不同地域丰富多彩的动物资源,就通过摄像机实时将南汇和西双版纳等地的画面传送到显示屏上,便于观众了解。

(3)动态内容的表达。在展示中经常需要用到视频资料或者是动画内容进行补充说明,而实物和图版一般不能展示动态的内容,因此可以通过各种影像系统进行展示。

(4)需要观众参与互动。博物馆展示中,为了便于观众查询信息、获得观众的反馈、增强展示的趣味性,可以适当地设置交互式的查询系统、互动游戏或展项操控装置,让观众与展项进行互动。

2.触控屏的使用

触控屏也是一种交互式的显示屏,其输入与输出都在同一块屏幕上完成,不需要额外的输入设备,比较直观易用。触控屏通过感应观众对显示屏的触摸、滑动等手势,来控制显示屏的显示内容。

目前常见的触控屏有三种：一是电阻式触控屏，二是红外触控屏，三是电容式触控屏。电阻式触控屏需要给予屏幕表面一定压力，且随使用时间增长而会逐渐产生偏差，一般用于简单的单点点击式交互。红外触控屏依靠屏幕边缘的红外感应设施来侦测输入，但解析度较差，并且因为在四边加装红外感应器使边框必须高于屏幕，影响展示美观。电容式触控屏可以支持精度较高的输入，因为近年苹果公司在其手持设备中的大量使用而得到大规模推广，其优点是支持较高的屏幕解析度和输入精度，触点无须校准；缺点是屏幕大小受到限制，很难做到像红外触控屏一样应用于大尺寸的显示器。

在具体展示中要根据展厅环境、展示内容、操作方式来选择使用哪一种触控屏，不可一概而论。

3.显示屏的使用

显示屏是博物馆展示中最为常用的数字媒介，按其功能可分为交互式与非交互式的，其实现技术有 CRT、LCD、LED 等。

显示屏在展示中的使用可以部分替代展板和说明牌，可以提供深度信息发掘，可以演示动态画面，在特定条件下，还可以实现展示所需要的艺术效果。

CRT 显示屏使用阴极射线管技术，造价低廉，但体积相对较大，对展示空间有一定要求。ICD 显示屏使用液晶技术，体积小，重量轻，目前在博物馆展示中使用较为普遍。LED 显示屏使用发光二极管技术，显示清晰度和色彩远逊于前两者，一般用于文字内容的显示或者呈现艺术效果，如电子公告板等。在大面积展示中，LED 技术不受显示尺寸的限制，理论上可以满足任何大型室内展示的需求。而 CRT 和 ICD 显示屏单屏尺寸目前最大不超过 200 英寸，也很难通过无缝拼接实现较大面积的展示需求。此外还有等离子显示屏、背投式显示屏等，但由于技术限制、造价等原因，在博物馆展示中很少使用。

交互式显示屏是指显示屏外附加一个输入装置，如鼠标、按钮、红外侦测器、触摸膜、摄像头等设备，通过观众的操作或动作来控制显示的内容。博物馆展示中比较常见的有“电子翻书”（图 4-1），即通过红外侦测器感应观众的翻书手势，控制屏幕上的书页翻动。

图 4-1　某博物馆的“电子翻书”

(二)数字投影系统

1.应用对象

应用对象主要是指博物馆展示中那些需要动态表达的内容、实时动态展示的内容。

(1)博物馆展示中那些视频资料或者需要动画展示的内容,可以通过各种影像投影系统进行展示。

(2)博物馆展示中那些需要实时传送的视频资料或与展厅内观众进行视频互动的内容,可以通过各种影像投影系统进行展示。

2.投影系统种类和应用

投影系统种类繁多,根据反射表面的不同,可分为平面投影、沙盘投影、雾幕投影、纱幕投影、幻影成像(包括金字塔式幻影成像)、弧幕投影、穹幕投影、球幕投影(又分内球幕和外球幕)、折幕投影、地幕投影等,按成像方式的不同,又可分为二维投影、三维投影。其中,沙盘投影可以将动态的影像投射到地形沙盘之上,可以直观地表现地貌变迁、动态地理信息以及与地形有关的历史事件。幻影成像技术可以利用镜面反射和观众的视错觉将影像投射到事先搭建的实景模型之中,静态的实景模型与动态的影像画面相结合,给观众以亦真亦幻的视觉体验(图 4-2)。宁波教育博物馆辅助陈列包括宁波古代教育家群雕厅、蒙以养正——宁波人与蒙学教育厅、从童蒙到状元厅、甬江女中的故事厅以及教育旧物展厅。图 4-3 为幻影成像重现“从童蒙到状元”的场景。

图 4-2　某展厅的幻影成像

图 4-3　幻影成像重现“从童蒙到状元”的场景

金字塔式幻影成像系统是用多个投影仪或其他显示设备投射到反射介质上所呈现的画面展示出立体效果的影像,观众可以从周围的各个角度进行观赏,一般用于单个物体的三维展示。

穹幕投影即以接近半球面的穹顶为投影面进行投影,比较适于展示太空、天空及天象有关的内容,如中国科技馆、上海科技馆、北京天文馆的穹幕影院,以及一些场馆中采用的小型穹幕投影。

三维投影一般使用两台(组)投影仪分别投影对应人左右眼看到的画面,观众通过偏振眼镜、红蓝眼镜观看,可以产生逼真的三维空间感。近年来随着技术发展,亦可以使用单个投影机的时序播放配合主动式快门眼镜来实现三维效果。

此外,如弧幕投影、折幕投影、地幕投影都是通过投影技术的不同表现来实现不同的效果,弧幕和折幕一般可使用投影拼接方式来扩大影像的可视角度,增强沉浸感。地幕投影则直接将影像投射到地面,还可以结合影像侦测与观众的位置和运动发生互动。

(三)全周全息幻像数字媒体

全周全息幻像展示系统是当前国际上广受欢迎的用于展览展示及博物馆展示的新型多媒体展示技术手段之一。

特别是对于那些极其贵重的文物展示来说,全周全息幻像展示系统是一种相当理想的展示手段。这是因为,博物馆中极其贵重的文物,出于文物保护的考虑是不可能一直放在展厅对公众展示的,“文物保护”和“公众展示”两者之间的矛盾常常使博物馆处于两难境地。而全周全息幻像展示系统这种新型多媒体展示手段则可以很好地解决“保护”和“展示”之间的矛盾,我们可以通过文物激光三维扫描系统对真实文物进行三维数据扫描采集,数据采集后通过专门计算机系统处理,形成与真实文物一模一样的三维实体模型,将形成的文物三维实体模型通过全息幻像展示系统展示,观众会看到的将是与真实文物一模一样的实体展示,并且全息幻像所特有的神秘感效果将会深深吸引参观者的兴趣。口子窖文化博物馆里,中国画与光电实景模型结合,再现动态的繁华历史酒坊(图 4-4)。

图 4-4 口子窖文化博物馆全息幻像展示

(四)复合动态全息数字媒体

复合动态全息多媒体展示技术是当今全球最先进的多媒体展示技术,其主要原理是采用复杂的多面全息成像技术来实现不用戴眼镜的立体三维展示效果,并且展示区域大小可根据现场环境做可大可小的灵活设置。它所具有的这些独特优点,使其成为当今全球最受欢迎的高新多媒体展示技术。

(1)通过多角度光学全息透视成像原理,参观者无须佩戴立体眼镜即可体验到真实强烈的临场立体感效果。

(2)与在单一平面或弧面上产生的 4D 影院立体感效果比较而言,复合动态全息多媒体展示技术因具备真实的内部立体进深空间舞台,其表现出的立体效果最具真实震撼的临场体验感。

(3)可实现多层次表现内容的复合动态展示,产生极其丰富多彩的视觉表现效果。例如,我们可利用复合动态全息多媒体展示技术对郑和下西洋时的不同古船的构造在观众面前进行立体的 360 度全息动态细节展示,而与此同时相应的复合背景层则展现出郑和下西洋时的庞大船队在波澜壮阔的大海上远航的宏大场面,这种视觉展示效果使观众产生强烈的身临其境般的真实感受体验。

(4)展示区域大小能够根据特殊空间环境进行相应的灵活设置,展示区域及展示成像大小不受限制。在空间大小满足条件的情况下,可实现更胜于4D影院效果的全息影院。

(5)展示内容形式丰富多样,可配合不同的展陈主题做多种不同表现形式的内容展示,包括视频、照片、图纸、动画、效果图、影视特效等。同时展示外在形式可配合现场环境做到灵活巧妙的有机融合。

(五)虚拟现实技术

1.应用对象

应用对象主要是指博物馆展示中各种需要重构的历史场景或自然场景。在博物馆展示中往往需要对已经消失的历史或自然场景进行再现性的展示,但通常博物馆的藏品条件不足以再现历史或自然场景。比如,自然博物馆中对某一历史时期生态景观的展现,可资利用的藏品只是动植物的化石标本,在漫长的历史演化进程中已经被固化到一块块石头的碎片之中,利用这些标本进行展示无法唤起观众对当时生态景观的直观认识。又如,对某一历史场景的再现,博物馆的藏品往往只是当时遗留下来的部分物品,或者是反映当时场景的艺术作品,不能全面地反映历史原貌。为了增强展示的直观性、生动性、体验性,需要通过数字媒体技术来进行一定程度的复原与再现,使已经消失的场景能够栩栩如生地呈现在观众面前。

2.虚拟现实技术的应用

虚拟现实技术(Virtual Reality)英文缩写为VR,它是一种融合了数字图像处理、计算机图形学、数字媒体技术、传感器技术等多个信息技术为体的技术,即通过数字三维对展示内容进行建模,制作成数字媒体动画,通过视频或立体视频的形式进行播放,让早已消逝或难得一见的历史、自然或科学影像得以显现,辅以现代化的投影放映技术,给受众一种身临其境的感觉,VR技术具有强烈的"身临其境"临场感、友好亲切的人机交互性、引人想象的多感知性和虚拟现实世界的自主性。VR技术分虚拟实境(景)技术(如虚拟游览实体博物馆)与虚拟虚境(景)技术(如复原生成阿房宫、圆明园等已经湮灭了的建筑,构建尚未发掘的秦始皇陵等)两大类。南通博物苑的虚拟展厅(图4-5)采用人工智能三维数字化技术和研究算法进行的高精度三维场景建模，展厅在现实中是不存在的，靠技术人员建模出来。

图 4-5 南通博物苑的虚拟展厅

(六)情景交互数字媒体

1.应用对象

在传统博物馆的展示中，往往通过独立的工坊提供给观众动手操作和体验，如陶瓷作坊、玻璃作坊等。但是这些作坊的工作环境往往与博物馆的展示环境不相协调，与文物和观众的安全产生一定冲突。目前，情景交互数字媒体系统应用相当广泛，完全可以结合不同的博物馆展示主题进行相应的互动展示内容设计。例如，使用情景交互数字媒体系统用以模拟考古发掘、文物修复、工艺品制造、古代生产生活等活动，使观众对这些活动的具体过程有全方位的了解，同时亲身参与的体验能给人留下深刻的印象，又增强了展示的趣味性。

2.情景交互数字媒体系统应用

情景交互多媒体系统是近年来国际上新出现的应用在展览展示及博物馆展示中的一种新型互动参与式的数字多媒体展示形式，其最大特点是能将展陈主题与观众的互动参与结合起来，参观者通过与系统的互动交流，强烈吸引参观者的兴趣，进一步加深对展示主题内容的认识和了解，给参与者留下难忘的印象。同时，情景交互多媒体系统其内容本身完全可以配合博物馆及各类型的展览展示活动的不同展示主题而方便地进行相应的调整，具有广泛而灵活的适用性。

情景交互多媒体系统应用相当广泛，完全可以结合不同的博物馆展示主题进行相应的互动展示内容设计。比如，结合某个考古文物，我们可以设计如下互动交互展示内容："一片广漠的沙漠，参观者从沙漠上走过，沙尘拂去，出现埋藏于沙漠中的文物宝藏。"再如，对于远古自然环境展示，我们可以设计如下互动交互展示内容："在一片水中，参观者用手划水或用脚踏入水中，看到不同远古世纪的鱼类绕着游动。"图 4-6 为某博物馆的情景交互多媒体展示。

由于情景交互多媒体系统能方便而广泛地适用于多种不同的主题展示，其自出现以来就成为不同类型的展示活动及博物馆最受欢迎的新型多媒体展示形式之一。

图 4-6　某博物馆的情景交互多媒体展示

(七)天象动感穹幕多媒体影院

1.应用对象

这种天象动感穹幕数字媒体影院主要用于天文馆和科技馆。

穹幕的出现最早是用于天文天象模拟方面,众所周知,随着地球的公转,一年四季天上的星斗是在不停变化的,使得当时的天文学习及研究受到时间的局限。因此穹幕的出现完全是为了解决当时在天文研究方面的诸多不便而产生的,这也是为什么如今我们看到的穹幕几乎都出现在天文馆和科技馆中。传统穹幕影片制作受其本身所具有的拍摄和制作难度及成木高昂的局限,发展至今,其展示内容基本上还都仅局限于天文天象的内容展示方面,在其他方面还很难看到广泛的普及应用,这是由于传统穹幕影片制作具有的特殊难度所决定的。而穹幕本身高度沉浸的体验效果又吸引着博物馆、展览展示馆、教育培训、工业设计等机构,希望能将穹幕多媒体引入到它们自身的领域中并得到普及应用。

2.天象动感穹幕影院功效

天象动感穹幕多媒体是一种特殊的大型影院级多媒体。这种多媒体影院的观众厅为圆顶式结构,银幕布满整个半球,观众完全置身于整个球型银幕的包围之中,感觉银幕如同苍穹。

影片播放时,整个画面视域范围可达 180°,布满整个球体,在观众的视野范围内看不到银幕边缘。由于银幕影像大而清晰,自观众面前延至身后,且伴有立体声环音,使观众如置身其间。按照视觉理论,人的视域范围一旦超过 150°,就会产生身临其境的错觉,因此,这种多媒体类型的沉浸效果非常强烈,并且可脱离立体眼镜和头盔,产生立体视觉。

如果再配合影片同步播放控制的动感平台,观众坐在动感平台上,随着影片播放到不同故事及不同场景情节时,感受到上下升降,左右倾斜,前俯后仰,就好似正搭乘着航天器遨游太空,正驾驶潜水器饱览海底世界的奇特景象。逼真的画面和平台载体的活动,让人不由自主地进入角色,造成十分真实和惊险刺激的特殊感受。

天象动感穹幕影院对建筑空间规划、银幕、影片、数字音响系统、计算机控制系统等都有严格要求,因其对建筑空间有严格的要求,必须在建筑设计时提出明确的任务需求,否则难以在既有空间中部署。

二、数字媒体技术在博物馆展示中的合理应用

(1)任何数字媒体手段在博物馆展示中的应用都需要有充分的理由。数字媒体作为展示的一种辅助手段,不能取代文物展品的主导地位。只有在文物展品不能充分有效传达信息的时候,才可以考虑数字媒体手段。

(2)数字媒体技术的应用要恰当,要贯彻“功能第一”的原则。数字媒体手段多样,其表现能力和效果也各不相同。要根据特定的内容、对象、场合选择最恰当的数字媒体手段,恰当的才是最好的。所谓恰当即要以最能表现或传播展示的内容为标准,数字媒体技术并非越先进、越昂贵就越好。

(3)数字媒体技术必须服务和服从于展览主题和内容传播的需要。数字媒体技术作为展示的一种形式表现手段,必须以内容解读为基础,要起到准确、完整和生动地传播展览主题和内容的作用,脱离展示内容的数字媒体技术应用往往会产生适得其反的效果,不能为技术而技术,不能以技术玩花架子。

(4)“数字媒体技术”不等于“高新科技”。事实上,许多数字媒体硬件设备和软件制作技巧都已经很成熟。不论是硬件产物(如触摸屏、投影仪或等离子屏)或软件产品(如互动软件、影片或声效),都要采用成熟的产品并进行合理的整合。数字媒体技术在博物馆展示中应用的关键是如何合理转化和应用,即要充分理解各种数字媒体技术的功能、表现能力、效果和运用法则,科学地应用数字媒体的软硬件。

(5)数字媒体展项的设计制作必须坚持科学严谨的原则,必须有客观真实的学术研究和形象资料作支撑。也就是说,展示的内容必须真实和科学,要准确、完整、生动地表达所要传播的知识,而不可臆造虚假。这是它与主题公园、游乐场、电影院的区别所在。博物馆展览是学术、文化、思想与技术的集合,学术研究资料和展品形象资料是设计、制作数字媒体展项的学术依据。数字媒体展项设计人员须与学术专家进行充分沟通交流,真正将科技手段和展览内容有机融合,而不能凭个人的想象任意演绎和创造。

(6)传播内容是数字媒体展项的核心。数字媒体技术的应用必须以内容解读

为基础。博物馆展览传播的是经过筛选和加工过的知识,因此,数字媒体展项内容的取舍、编排和策划,既要满足展览传播的需要,又要适应观众的需求;既要考虑到展项内容必要的知识点和信息点,同时也要照顾到展项内容的系统性、通俗性、生动性和趣味性,以适应普通观众的参观习惯和审美情趣。脱离展示内容的数字媒体会造成截然相反的体验效果并造成“信息骚扰”。

(7)数字媒体展项的规划要与展示环境协调,要符合观众参观习惯。例如,对展示中比较突兀的数字媒体设备外观应当做好隐蔽工程,对显示屏和触控屏的设置要合理,显示屏安装位置应当在目标观众的视平线上下,采取垂直或略微倾斜的角度直接面向观众;触控屏应该便于观众用手操作,安装位置应当在目标观众的腰部以上肩部以下便于用手操作的位置,采取水平放置或略向上倾斜的角度。在互动操作方式的设置上,应当采取比较通行的人机交互模式,使其在进行点击、滑动、拖拽等操作时,能够符合观众所预期的互动效果。

(8)选择使用新媒体技术时必须注意与现有平台的兼容性,具备进一步更新、替换的能力。前期的软硬件构架必须考虑到适应未来的展示技术,提供必要的可扩展性,否则,经常会出现由于兼容性和通信协议的问题,在开通了新技术装置后导致其他设备整体“罢工”。此外,数字媒体平台要有一定的内容可扩充性,以满足适时更新与补充的需求。

下文将就基于图像的技术、虚拟现实技术、WIKI 技术、物联网技术、云计算和大数据、移动终端在博物馆公共教育中的应用展开论述。

第二节　基于图像的技术在博物馆公共教育中的应用

近年来,基于图像的计算机技术的发展更是为数据博物馆公共教育的发展提供了强大的技术支持。基于图像的计算机技术主要是传统的图像处理技术以及其与计算机图形和计算机视觉交叉形成的基于图像的建模与绘制技术。传统的图像处理技术通过技术手段对单张原始图像进行处理从而达到物品的虚拟修复、保护等功能，以弥补真实物品的缺陷，同时还利用图像处理技术还可以快速检索感兴趣的物品。基于图像的建模与绘制技术通过将多幅原始图像进行再处理从而产生物体的逼真的虚拟模型，这样用户就可以自由地观赏所感兴趣的景点和物体，创造身临其境之感。下文对基于图像的技术在数字博物馆中的应用进行研究，分析其应用于虚拟博物馆的若干核心技术。

一、传统的图像处理技术的应用

在数字博物馆里，需要传递大量的实物照片供远程用户进行观赏。针对用户在某一个时间只会关注于某一类或某一个物体的特点，图像检索技术可以在很短的时间内从海量的图像数据库中迅速地检索到感兴趣的相关物体。针对实物可能会存在一些瑕疵的特性，图像复原技术可以生成一张经过修补的没有瑕疵的物体图像。而针对陈旧的物体如果要恢复原有的色彩的话，近年来的广泛研究的色彩传输技术可以较好地实现这一需求。馆藏物体往往需要版权保护，数字水印技术为之提供了一条高科技途径。

（一）图像检索

在渺茫的信息海洋中，检索成了一种必备的工具。现在的检索工具，已经超出了传统的基于文字的检索，而迈向了二维图像检索甚至三维模型检索的范畴。现在普遍的算法是首先将待检索的对象结构化，结构内的成员包括对象的属性、语义和时间空间相关的信息等。然后，在检索过程中，将这些结构内成员相匹配，利用概率统计知识，得到检索答案。三维检索较一般的二维检索更加复杂，但其基本上也遵循着上述的基本思路。检索在数字化博物馆中，也有着巨大的作用。如何可以让人们通过不同的检索方式，简单快捷地搜寻到他们需要参观浏览的数字化样本，这成为检索研究方向的重大挑战课题。

（二）图像复原

博物馆里的物品由于时间的流失，被外界的自然环境所侵蚀，同时也遭受到人为破坏，变得破旧不堪。图像复原技术以及刚提出的利用 levelset 进行三维模型的复原技术,为这些物品带来了新的生机。Mauro · BARNI 等人在 1998 年的 VSMM 大会上提出了消除数字图像中裂痕的算法。2000 年 Siggraph 大会上,Bertalmio 等人提出了 image in painting 的创新算法。2001 年 C.BaUester 等人提出了另一种复原算法。在现代图像复原技术支持下,圆明园的西洋楼谐奇趣被复原(图 4-7)。

图 4-7　数字复原西洋楼谐奇趣图

(三)色彩传输

2001 年 ErikReinhard 等人提出了一个崭新的颜色空间——lab 空间。这个空间的提出,不仅解决了过去 RGB 通道颜色难以单一控制操作的问题,而且还为颜色领域的迁移问题带来了出路。2002 年,TomihisaWelsh 在前人研究的基础上,提出了将一幅彩色图片的颜色迁移到一幅灰度图像中的方法。我们可以进一步研究色彩技术,加入色彩拉伸运算,进而可以进行天气变化等高难度的色彩传输。

上述几种色彩传输技术是新兴的技术,如果将其运用到数字博物馆的颜色恢复中,必将取得卓越的效果。

(四)数字水印

数字化后的博物馆物品更加需要版权保护,否则将会导致真正的拥有者丧失对物品的拥有权。在技术发达的今天,数字水印技术已经成为数字化对象的强有力的保护者。数字水印是一种嵌在数字信息中难以被发现而且非常强壮的一种信息。它的强壮性在于它可以防止多种多样的攻击,如剪切、放大等,从而在数字信息中有一种保护性的作用。现存的大部分数字水印技术都是将水印信息嵌入变换后的图像信号系数中。

二、基于图像的建模与绘制技术的应用

基于图像的建模与绘制技术(IBMR)是利用拍到的图像来生成新图像。这种方法可以克服传统的几何建模方法的真实感不足和建模复杂的缺陷。借助于这个技术,只要用少量的照片,用户就可以在计算机上看到与实物一样效果的虚拟物体和场景,从而实现自由视点的虚拟博物馆漫游。针对普通摄像机视域小的现象,全景拼图可以生成一张大视野甚至是360°的图像,这样利用漫游工具就可以实现单幅图像无法实现的大视野连续漫游效果。针对图像不具备三维结构的不足,IBMK努力通过技术手段来从图像中创造三维结构,实现自由视点的漫游,包括单幅图像漫游(Tmir into the Picture,TIP)、对象电影(object movie)以及三维重建。单幅图像漫游可以在一幅图像通过简单的速梭就构建出立体空间,实现进入三维漫游,对于古画,更是营造出融入艺术世界的气氛。对象电影则是将不同角度拍到的图像连接起来,实现物品的三维环视效果。基于图像的二维重建,通过对建筑物或物品的图像进行建筑物或物品的三维重建从而生成逼真的三维模型。

(一)全景拼图

所谓全景拼图就是研究如何从手持相机拍摄的一组照片中制作出一张360°的全景图,从而达到虚拟漫游,实现博物馆的数字化展示。

在技术上全景图的本质就是把不同时刻、不同朝向、同一位置拍摄的若干张有重叠的照片无缝地缝合成一张大图(水平方向和垂直方向),同时使缝合处的色彩或灰度均匀过渡。利用全景图技术可以制作大视野的广角图和全景图。潘志庚等学者对全景图技术进行了研究,并且还开发了全景图的著作工具EasyPanorama,利用这个工具,可以进行广角图或全景图制作、广角图或全景图的漫游以及全景图的

网络发布。还可以将基于图像与基于几何相结合,实现另一种形式的虚拟全景漫游技术。这种方法是利用 vrml 语言搭出场景的部分几何模型,然后再结合全景图技术进行大规模场景的虚拟漫游。河北博物馆新馆采用全景拼图技术,其鸟瞰效果如图 4-8 所示。

图 4-8　河北博物馆新馆鸟瞰效果图

(二)基于单幅图像的漫游

由于全景拼图得到的还是图像,因而要实现自由视点的运动,就必须给图像赋予一定的三维结构,从而实现进入图像中的物体进行漫游的目的。在 Siggraph97,Y.Horry 等提出蜘蛛网格的思想,在从真实世界获得的单一的照片上,通过一个类似蜘蛛网的几何结构来近似模拟单一灭点的景物几何,并对前景景物进行提取和几何估计,从而得到在视点移动后的连续的近似图像。在 Horry 思想的基础上,研究人员又进一步将这个思想进行推广和改进,从而使得这一思想适用于多灭点、无明显灭点以及动态场景。

潘志庚等学者对 Chu 的算法进行改进,实现了单幅图像的漫游系统 EasyTour。

这个系统的目标是实现大场景的 TIP 和全景漫游。给定场景的地图和全景图,通过预先在全景图上编辑 TIP 子场景,实现大场景的全景图和 TIP 交互漫游。利用 TIP 技术还可以生成许多动人的沉浸效果。

(三)对象电影

对象电影是一种进行物品嵌示的技术。通过按固定角度绕物体拍一周的图像,如果保证图像的曝光处于同样的层次,这样图像在进行循环播放时就给人一种环视的错觉,从而认为是围绕真实物体进行观赏,这样用户就可以在计算机前从多个位置欣赏物品。对象电影技术在 Siggraph95 提出后,被迅速推广开来。

(四)基于图像的三维重建

基于图像的建模结合了计算机视觉和计算机图形学的知识,利用一系列含有实物的照片重新勾出物体的轮廓,搭建出物体的模型。Zhang Zhengyou 在 1999 年陆续提出的基于图像的相机校准方法为预处理打下了坚实的基础。之后的几年,随着校准技术的不断完善,使得 IBM 有了更高的精度和可信度。基于图像的三维重建的方法很多。潘志庚等学者在这个方面在也做了大量的研究,并在前人工作的基础上提出自动搜索匹配点和几何关系的方法重建三维模型,并正在开发三维重建系统:VAS。将博物馆的场馆和其中的物品进行三维重建,就可以实现任意视点的漫游,使得用户有一个全方位感受博物馆文化氛围的机会。❶

上述传统的图像处理技术和新兴的基于图像的建模、绘制技术,潘志庚等学者就二者结合应用于数字博物馆进行了研究,分析传统的图像处理技术中的图像检索、图像复原、色彩传输和数字水印以及基于图像的建模与绘制技术中的全景拼图、基于单幅图像的漫游、对象电影和基于图像三维重建等核心技术在数字博物馆中的应用。这些技术都大大增强了数据博物馆的技术含量,提高了数字化水平。如果将这些技术与多媒体技术、虚拟现实技术相结合,必将创作出一个真正完全沉浸的虚拟博物馆,推动数字博物馆公共教育的发展到达新高度。

❶ 潘志庚,方贤勇,徐丹,等.基于图像的技术在数字博物馆中的应用[C]//中国博物馆学会博物馆数字化专业委员会.中国博物馆学会博物馆数字化专业委员会成立大会暨首届学术研讨会论文集.北京:北京燕山出版社,2006:197-201.

第三节　虚拟现实技术在博物馆公共教育中的应用

虚拟现实技术是一种可以创建和体验虚拟世界的计算机技术，它利用计算机模拟的三维环境对现场真实环境进行仿真，生成逼真的视、听、触觉一体化的特定范围的虚拟环境，用户借助必要的设备以自然的方式与虚拟环境中的对象进行交互作用、相互影响，用户可以走进这个环境，可以控制浏览方向，并操纵场景中的对象进行人机交互，从而产生身临其境的感受和体验。作为公众公共教育的重要场所，博物馆如何向公众展示已经成为一个重要的论题。应用虚拟现实技术，将实体博物馆、美术馆等公共文化的展馆（园）资源以三维仿真的方式完整地呈现于网络。观众能够沉浸在计算机生成的虚拟展馆境界中，通过语言、手势等自然方式进行实时交互，并产生与真实展馆中相同的反馈信息，公众获得和真实世界一样的感受，使实体展馆（园）的职能和资源得以充分实现。

一、虚拟现实技术在博物馆公共教育中的应用环节

虚拟现实凭借其新媒体的表现特点和技术特征，对传统的博物馆公共教育，尤其是自然科学类的博物馆公共教育在各方面进行了补充。具体来看，虚拟现实技术在博物馆公共教育的全过程中均已有所应用，并且取得了较好的展示效果，具有较高的应用价值。

（一）展前的应用

1.宣传推广

展前宣传作为博物馆公共教育活动的前期环节，对深化和普及博物馆公共教育起到重要作用。博物馆传统的宣传方式多以文字类宣传信息为主，部分配以实体的宣传画册、海报等，很难在公众中引起热度，效果也较为平庸。而近年来，虚拟现实技术作为一种新兴的技术手段被运用到了博物馆的展前宣传与展示中，在展

前通过生动形象的表现方式吸引了更多观众的注意。例如,三维虚拟场馆,只要在网上设立一个三维虚拟的场馆,虚拟现实将观众带入场馆,被场馆展物吸引,像亲自观看一样,由此,极有可能亲自前往参观。现代各种博物馆,不仅可以三维展示国内外知名展馆的建筑外部、内部,同时通过建模贴图等,让观众真实地在网上参观和揣摩各种展品和艺术品等,可以使文物、展品 360 度旋转,真正做到观众全方位地、零距离地与展品接触。洛杉矶自然历史博物馆曾向公众推出具有 3D 互动体验功能的博物馆纪念海报和明信片。使用者可以通过应用程序对海报或明信片进行识别,从而与显示出的霸王龙合影,并在网上分享照片,获取博物馆门票及相关展项体验机会。通过这种方式,博物馆不仅收获了较好的宣传效果,还为进一步的博物馆公共教育活动营造了良好的氛围。纽约的 MOMA 博物馆则通过举办活动,让来自全球的参与者提前在线上提交自己的作品,这些作品随后被内嵌于博物馆的虚拟空间中,成为一个叠加在常规展之上但又不甚相关的“隐藏展览”。这种将展前宣传和虚拟现实技术相结合的活动方式,潜移默化地吸引了更多的观众参与到博物馆公共教育活动中来。

2.定位导航

展前,博物馆通常会以文字或地图册的形式帮助用户明晰博物馆的地理位置,而随着移动虚拟现实技术的发展,越来越多通过移动设备与虚拟现实技术结合来提供导航。以 2D/3D 形式展示会展展馆的室内空间结构,地图上标注位置点信息,可以进行各个楼层平面图切换,地图可以进行放大、缩小、旋转、平移操作。游客可在手机中查看展馆的地图分布,对想要去往的展品区进行导航,从而快速达到目的地。此外手机中有整个展馆的参观线路,游客可自行安排行程。美国自然历史博物馆内有博物馆导航系统,观众可免费下载到手机中,下载后便可在上面找到博物馆内自己想要去的所有展厅、剧院、卫生间和餐厅,十分方便。同时,博物馆内还免费提供了移动装置供游客体验导航系统。将虚拟现实技术应用于地图定位与导航,用户可以借助手机内置的电子罗盘和加速计,通过手机屏幕看到叠加在摄像头拍摄的实体画面上的路径箭头,同时为用户提供常去地点的位置信息。

(二)展中的应用

1.馆内导览

当观众到达博物馆内,开始其参观活动时,虚拟现实技术同样可以大有所为。与展前的定位导航服务相似,基于移动设备的博物馆内电子导览同样是未来博物馆的应用趋势。某公司设计制作的博物馆微信导览系统,通过互动的微信公众平台,将微信功能与博物馆自身业务实现结合,采取"功能菜单+关键字+资讯推送+线上导览"的组合方式,还可以结合展会进行线下活动。导览管理系统主要涉及现场的导览地图、非现场的导览索引的管理流程。导览服务图文并茂地详细介绍馆内的展览整体内容、重点特色内容和其他讯息,为观众提示参观线路、导览、休息区等信息。在馆内进行参观活动的过程中,用户可以利用智能手机等移动设备,随时查看自己的位置信息、获取感兴趣的展品信息、回顾观览路线等。

基于用户的移动设备和馆内所提供的电子导览服务应用,虚拟现实技术可以通过设备获取观众的即时位置,根据观众的导览要求,做出相应的可视化指引。例如,中国人民革命军事博物馆推出线上游览,其虚拟漫游为观众做出导览(图4-9)。

图4-9　中国人民革命军事博物馆虚拟漫游导览

2.深度讲解

为观众提供深度讲解是虚拟现实技术应用为博物馆公共教育的主要体现之一。传统的博物馆公共教育主要采用定点展示的展览方式,部分展品配以讲解员传达展品背后的深度知识,缺乏与观众的互动。而虚拟现实技术将展示模式从定点展示转化为互动展示与情境展示,通过动画、音乐、图片等多种形式向观众传达知识信息,使观众更加深入地理解展览的内容。著名的 MONA 博物馆被称为“塔斯马尼亚的现代建筑瑰宝”,它是一座私人艺术馆,位于霍巴特以北约 20 公里的 Berriedale 半岛上的 Moil 葡萄酒庄内。博物馆建在砂岩悬崖上,外观的设计灵感来自希腊著名的空中修道院。主场馆的外墙是镜子,游客沿着楼梯下去就可以到达博物馆内部。MONA 主要运用光学和科技手法,展示各种现代艺术。馆内会给每位参观者发放一部智能讲解系统“THEO”,它会根据游客的位置对附近的艺术品进行详细解释,还允许参观者对作品表示“赞赏”或“讨厌”,被“讨厌”次数太多的展品将会被撤走。

芝加哥科学与工业博物馆在生命科学展区,利用虚拟现实技术对蝴蝶生物的形态动作通过屏幕向观众进行呈现,这一过程和形式帮助讲解员将原本抽象僵硬的生物知识以具象的方式表现出来。

3.展品互动

传统的博物馆公共教育内容大多为静态陈列或讲解员单方面进行演示的展品,使观众与展品之间产生一定的距离感。虚拟现实技术在博物馆公共教育中的应用使越来越多的互动性展品出现在人们的眼前,观众得以对展品进行零距离接触和沉浸式体验。引入观众互动体验的互联网+AI 技术,互动体感技术,全息互动投影技术,沉浸式投影系统,全景电影展现,AR 增强现实和 VR 虚拟现实,集合声、光、电、投影、图像、文字、互动视频等内容让博古馆更加现代化和信息化。2019 年 6 月 22 日,以高科技为依托的沉浸式体验展览“心灵的畅想——梵·高艺术沉浸式体验”展在中国国家博物馆开幕。1500 平方米的体验厅分设九大区域:梵·高生平序厅、沉浸式主厅、星空沉浸式厅、VR 体验厅、梵·高艺术衍生品商店等。其中,沉浸式主厅体验采用 360 度全景全息视频影像技术,充分利用“声光”技术,将逾百幅梵·高名作还原成 3D 场景。在现场可以看到,向日葵在风中轻舞、银河流动在高远天际、月亮温柔挂在静谧的天空、盛开的杏花从画框中脱颖而出……同时,实景的卧室还原厅,呈现了 1888 年在法国阿尔勒的这间对画家有着特殊意义的温馨小屋。观众置身其中,可以深刻体会其鲜明的色彩、非凡的透视效果,展开对原作《阿尔勒的卧室》的无限幻想。VR 体验厅则立体还原展示梵·高生平创作的地点,使观众与场景内容进行实时交互,从而产生临场感。中国科学技术馆推出线上游览,也充分考虑与观众的互动,如图 4-10 所示。

图 4-10　中国科学技术馆线上游览中的互动按钮

(三)展后的应用

1.文创产品的开发与推广

在欧美国家,博物馆商店被称作博物馆的“最后一个展厅”。观众对博物馆公共教育活动的认同和后续教育的延续,均可以通过文创产品实物化。文创产品的开发与推广,重要性不言而喻。近年来,随着增强现实等新媒体技术的发展与应用,一批既具教育性又具有创意性的博物馆文创产品不断出现在公众视野中。洛杉矶自然历史博物馆曾向公众推出具有增强现实体验功能的博物馆纪念海报和明信片。使用者可以通过应用程序对海报或明信片进行识别,从而与通过 AR 技术显示出的霸王龙合影,并在网上分享照片,获取下一次参观博物馆的门票及相关展项体验机会。

2.可视化反馈

由于虚拟现实技术所具有的三维注册的技术特征,这种新媒体技术可以通过移动设备将各种虚拟信息和真实空间坐标中的具体位置相匹配。基于这一特性,博物馆参观者可以通过博物馆的应用程序对博物馆公共教育活动进行标签化的评价和反馈。而这些信息将通过虚拟现实技术在安装了该应用的移动设备中即时地呈现。这种可视化的反馈方式不仅提升了观众在博物馆公共教育活动中的参与感与主体意识,更为满足博物馆开展后续阶段的教育活动策划提供数据支撑。

二、虚拟现实技术在博物馆公共教育中的应用价值

随着信息技术的广泛应用,博物馆公共教育方式的不断改变,虚拟现实技术凭借其虚实交互等特性,为博物馆的教育发展提供了极具价值的发展空间。

第一,促进博物馆体验式教育。虚拟现实技术具有虚实结合和交互性的特征,它的应用促进了博物馆公共教育朝着体验式教育的升级与转型。虚拟现实技术融合了文字、图片、声音、视频、音频等多种信息传达方式,为博物馆公共教育提供了更多元化的载体,丰富了观众的体验渠道,使知识与信息能够更有效地被观众接受和吸收。读者的身份由阅读者变为参与者和体验者,通过更直接和冲击性的感官体验,获取和深入学习科学知识。

第二,扩大博物馆公共教育的社会性。随着科学技术的发展,全社会对博物馆公共教育功能的要求愈发显著,现代博物馆致力于扩大其教育的社会性显得至关重要。虚拟现实技术打破了传统博物馆公共教育的时空局限性,以多渠道呈现的方式增强了传统博物馆公共教育活动的可参与性,扩大了博物馆公共教育的社会性,使越来越多的人通过线上线下参与到博物馆的教育活动中来。

第三,增强博物馆公共教育的趣味性。有趣的博物馆应当能满足观众的多种需求,能够令观众有所触动、有所思考、有所回味。增强现实的交互方式在使观众参与体验的同时还具有新鲜、有趣、现代的特点,能给参观者带来传统陈列式教育所不能比拟的趣味性和视听体验。

总之,虚拟现实技术作为现代信息技术发展最具代表性的新媒体技术之一,无论是其自身技术的发展与完善,还是在博物馆公共教育中的进一步融合应用,都具有十分广阔的前景。[1]

---

[1] 周璟瑜.增强现实技术在博物馆教育中的应用研究[J].自然科学博物馆研究,2017(A2):99-103.

第四节　WIKI 技术在博物馆公共教育中的应用

一、WIKI 技术及其相关概念

(一) WIKI 技术

WIKI(中文译作“维客”或“维基”)取自于夏威夷土著语中的“Wee kee wee kee”,翻译成中文是“快”的意思,美国工程师沃德·库宁汉姆用它来命名一种具有简便、快捷特点的多人协作的网络写作工具。理论上讲,任何人都可以通过 WWW 浏览器访问一个 WIKI 网站,简便快捷地对 WIKI 文本进行浏览、创建和更改等操作,而不需要掌握复杂的 HTML 语法。

WIKI 的简便性、协作性和开放性,特别适合作为百科全书、知识库等网站的建站工具,几个分散在不同地区的人也可以利用 WIKI 协同完成一本书的写作。从文化角度来说,可以将 WIKI 系统的特征概括为开放、合作、平等、共创和共享。这使得广大民众可以作为科普的主体,通过网络进行全民科普活动,也提高了公众参与科普的积极性和主动性。

(二) 维基式的虚拟博物馆

国内大部分虚拟博物馆仍然处于 2D 的传统网页模式,现在有了虚拟现实技术的支持,在未来有望发展成为全 3D 的虚拟实景,对浏览者的感知度和交互性产生很大程度的提升。

传统博物馆和受众的沟通模式为单向知识沟通,观众到了博物馆才能被动地获得相关知识,而在信息时代,博物馆和公众的沟通应是另外一种——博物馆传递知识,受众利用博物馆传递出来的知识自行加工成一种个人的知识体系,这个过程正是一种维基式的协作过程。将维基模式的概念和虚拟博物馆相结合,形成了一种全新的互动博物馆概念,具有仿真性、游戏性、维基式、实时性、社区性的特点。在 WIKI 技术支持下的维基式博物馆,多人在线对词条进行编辑,也就保证了所有被编辑内容的及时更新；观众之间可以进行对话、交流，观者和展品也拉近了距离，不仅能360度旋转展品观看，还能触摸、轻击听声音、点击以获取基础展品的相关词条。博物馆在给予信息的同时也成为一个信息的接收者，最终在网络平台上形成一种博物馆百科社区的概念。

将维基式的概念与虚拟现实技术实现的虚拟博物馆相结合，必将使虚拟博物馆在概念上经历一次革新，能改变传统博物馆（无论是实体还是数字博物馆）单项知识传播的局面，形成一种真正意义上的互动和开放式资源共享体系。❶

二、基于WIKI技术的博物馆公共教育应用——以动物数字博物馆互动栏目为例

以2008年北京奥运会的吉祥物为媒介，大力普及动物学、生态学、环境科学、动物和环境保护等方面的知识，融入人文科学和社会科学的相关内容，动物数字博物馆应运而生。2007年11月，动物数字博物馆完成建设；2008年9月起，动物数字博物馆进行改版建设。改版后的网站独立呈现丰富的动物类群及其生存环境等科学知识，延续融入环境保护、人文科学和社会科学等相关内容的特点（图4-11）。为了完善动物数字博物馆功能，加强与大众的互动性，于2010年起借助互动百科协作小组的平台构建了互动栏目“动物百科”，基于WIKI技术来增强动物数字博物馆的互动性。

图4-11　动物数字博物馆网站首页界面

❶ 孙丽芳.维基模式对虚拟博物馆的发展影响[C]//北京市科学技术协会信息中心，北京数字科普协会.创意科技助力数字博物馆.北京：中国传媒大学出版社，2011：285-288.

(一)利用 WIKI 技术开发互动栏目

1.基于 WIKI 技术的系统选择

为了增强动物数字博物馆的互动性,卓小利等学者尝试用 WIKI 技术支持下的系统开发互动栏目“动物科普”。

互动百科是全球最大的中文百科网站,其发布了全球第一款免费开放源代码的中文 WIKI 建站系统——HDWIKI,其功能较为全面,互动性强,不仅具有基于 WIKI 技术的系统页面,还有 BBS 可供成员进行交流。其中的协作小组能够实现建立相应主题小组的职能,如动物数字博物馆的互动栏目“动物科普”的小组成员可以围绕动物这个共同感兴趣的主题,进行知识的构建和传播。

2.动物数字博物馆互动栏目的建立

2010 年 1 月,动物数字博物馆的互动栏目“动物科普”开始与互动百科建立合作与联系,通过协作小组的形式加强动物数字博物馆的互动性。动物数字博物馆的互动栏目有以下几个特点。

(1)专家支持:确保交流的科学性与实时性,邀请动物学领域的相关专家解答小组成员遇到的疑惑,使得动物数字博物馆真正“动”起来。

(2)中学师生的参与:互动栏目“动物百科”为青少年提供的不仅是获取知识的平台,也是参与编写词条自主学习的平台。教师在浏览词条创作和编写的过程中,也能及时发现学生在此知识点可能存在的问题,可作为教学的依据和参考。

(3)大学生的参与:一些具有较高学科素养的大学生甚至可以直接成为向导,负责小组的词条审核等工作。

(4)对动物学感兴趣的公众:小组内的大部分成员都是喜爱动物、对生物学感兴趣的自主加入互动栏目。通过对于词条的创作和编辑,自主参与科普活动,成为网络科普的主体。因此,互动栏目成为真正的全民化的知识资料库和互动平台。

(二)基于 WIKI 技术的互动栏目的应用

基于互动百科平台的动物数字博物馆互动栏目由对动物感兴趣的群体组成。互动栏目中有词条、有话题,所有经过注册的成员都可以在这里浏览、创建和编辑词条,并通过 BBS 平台进行话题的交流。因此,公众通过互动栏目参加科普活动的形式很多样。

1.词条的创建和编辑

通过创建与动物有关的词条,成员可以梳理与此名词相关的知识点或文化背景。大部分页面都可以由任意用户使用浏览器进行阅览、修改、创建词条,而且一个词条需要多位用户不断地编写和修订,才能最终完善相应的词条与内容。

从创建一个词条起,到上述内容完成编辑需要多位成员的编辑和付出,因此创建和编辑词条需要成员之间的协同合作。而作为向导,能通过编辑记录发现词条编辑前所存在的问题,以及修改后的科学性与正确性,可以很好地加以管理。必要情况下,可以在 BBS 上对典型问题加以讨论和交流。对于中学师生来说,“动物科普”互动栏目是一种有效的教学方式。

2.动物相关话题的交流

互动栏目中的组内讨论区,为成员提供了方便交流的平台。成员可以独立发帖或跟帖与其他成员针对话题进行讨论。此外,与动物相关的系列活动也可以通过组内讨论区予以发布,方便信息的传达。

3.与专家互动

在互动栏目中,组员除了通过组内讨论区与专家进行互动,组员还能直接向专家提问,问题将在专家的独立页面加以呈现,方便专家及时解答。组员还能添加对专家动态的关注,一旦专家创建或编辑词条,组员便会得到系统提示,因此能够快速了解专家的活动,使组员获得最新、最科学的知识。

(三)公众参与互动栏目的体会

(1)公众参与科普活动的积极性和主动性得到提高。科普不仅可以由相关领域专家或组织开展,任何一个人都可以借助网络开展或参与科普活动。动物数字博物馆的互动栏目“动物科普”使这种全民网络科普活动成为可能。

(2)公众之间建立组员之间的协同合作关系。由于 HDWIKI 平台的开放性,任何组员都能对互动栏目中的知识进行编辑,一条科学性较强、内容较完备的词条通常需要多个组员共同编辑完成,体现组员间的协同合作关系。

(3)公众有机会与相关领域专家进行直接沟通。互动栏目中的组内讨论区和向专家提问加关注的方式,使任何一个组员有机会向专家针对自己感兴趣的动物学问题展开交流。而且部分专家作为向导和管理者直接参与词条的编辑和审核,因此能够对组员创建或编辑的知识进行反馈和科学性的把握。

(4)对于中学生和大学生是检验所学知识的好机会。中学生和大学生正处于学习科学知识的重要阶段,他们进行词条的创建和编辑,也是对所学的知识再次加工和消化的过程,是一个检验所学知识的好机会。❶

第五节　物联网技术在博物馆公共教育中的应用

以物联网为核心的信息技术发展被誉为第三次信息技术革命,在文化遗产保护领域,物联网技术也获得高度重视。物联网将是下一个推动世界高速发展的“重要生产力”,其在博物馆领域也有十分广泛的应用前景。也必须看到,博物馆物联网应用还处在起步阶段,除了需要转变观念、有足够的资金支持,博物馆的某些特性(如文物、古建的不可破坏性)也使得物联网技术在博物馆领域的应用存在相当大的困难和挑战,必须采取统一规划、分步实施的发展战略。以下就专门讲物联网技术,并探讨基于物联网的数字博物馆服务新模式。

一、物联网的内涵

物联网,即“物物相连的互联网”,是继计算机、互联网与移动通信网之后的又一次信息产业浪潮。物联网是通过射频识别、红外感应器、全球定位系统、激光扫描器等信息传感设备,按约定的协议,把任何物品与互联网相连接,进行信息交换和通信,以实现智能化识别、定位、跟踪、监控和管理的一种网络概念。物联网就是

❶　卓小利,赵欣如,肖雯,等.基于 Wiki 技术的动物数字博物馆互动栏目的开发及应用[C]//北京市科学技术协会信息中心,北京数字科普协会.创意科技助力数字博物馆.北京:中国传媒大学出版社,2011:320-325.

带有传感/标识器的智能感知信息网络系统,是在传感、识别、接入网、无线通信网、互联网、计算技术、信息处理和应用软件、智能控制等信息集成基础上的新发展。

物联网是传感技术、通信技术以及计算技术的一个集合。物联网包括传感设备层、网络层以及应用层。传感层的主要任务是信息的采集;网络层的主要功能是实现网络的连接管理以及数据管理,目的是将信息送到应用层;最后应用层运用现代的信息技术来对信息进行处理最终实现识别、控制、监测等功能。

无线射频识别技术(Radio Frequency Identification,简称 RFID)是物联网的关键技术。该技术是一项利用射频信号通过空间耦合(交变磁场或电磁场)实现非接触信息传递,并通过所传递的信息达到识别目的的技术。其中,以低频 135KHz 以下、高频 13.56MHz、超高频 860M~960MHz、微波 2.4GHz、5.8GHz 等系统最具代表性。它将特殊的信息编码写入电子标签,并和需要识别的物品进行绑定。因此,结合应用 RFID 技术,能有效地协助博物馆经营管理,实现博物馆观众服务的物联网。随着 RFID 技术的成熟和标签成本的降低,在博物馆中应用 RFID 识别技术成为必然趋势。

二、物联网在数字博物馆中的观众服务应用

今天,物联网技术已经可以基本满足大力提升服务观众的能力与效果,具备了在博物馆领域应用的一定条件,物联网技术在国内外其他行业已经广泛应用,为博物馆领域的应用提供了较好的参考与借鉴。例如,博物馆观众服务应用系统由智能门禁、指示标识、多媒体导览、观众调查、环境控制等几部分组成一个完整的体系,可以大力提升博物馆服务观众的能力与效果。目前,部分博物馆已经采用物联网技术进行了实施探索,取得了良好效果。观众还可以利用电子门票通过二维码识别器刷卡进出博物馆,更大限度方便观众参观;电子门禁每次对观众所刷二维码信息进行记录,能够合理、科学、有效地控制博物馆观众流量,调整观众入馆时间,提升接待能力。

(一)物联网应用之一:参观预约

参观预约是博物馆观众服务物联网应用的敲门砖,即提供博物馆门票、活动、

导览、租借等服务的线上/线下预约功能，做到客流削峰填谷，参观人群均匀分布，提高博物馆的吸引力和科学管理水平。观众预订成功后，通过 E-mail 或短信平台将预订成功后生成的二维码发送给用户，同时将信息存入数据库供检票处使用。观众参观当天凭二维码来博物馆现场验票，验票成功后即可入场参观（图 4-12）。

图 4-12　凭二维码进博物馆现场验票

2020 年 3 月，新冠肺炎疫情防控工作现进入新的阶段，各行各业陆续复产复工。随着国家文物局对文博单位恢复开放指导意见的发布，全国的文博单位和文旅景区正在分区、分级、分类、有序开放。除了口罩、测温设备这类开馆“硬通货”，一套能够实现网上实名预约、总量控制、分时分流的预约系统也成了必不可少的“软实力”。杭州某公司针对博物馆开发了专门的观众分时预约系统——“文旅绿码”（图 4-13），助力文旅精准抗疫、实现游客顺畅通行。

（二）物联网应用之二：票务管理

票务管理是博物馆观众服务物联网应用的基础。采用 RFID 门票系统对门票进行防伪，不仅不再需要人工识别，实现人员的快速通过，还可以鉴别门票使用的次数，以防止门票被偷递出来再次使用，做到“次数防伪”。采用 RFID 门票系统可以防止检票排队、拥挤、逃票等现象，更重要的是该票可以被博物馆内的阅读器识

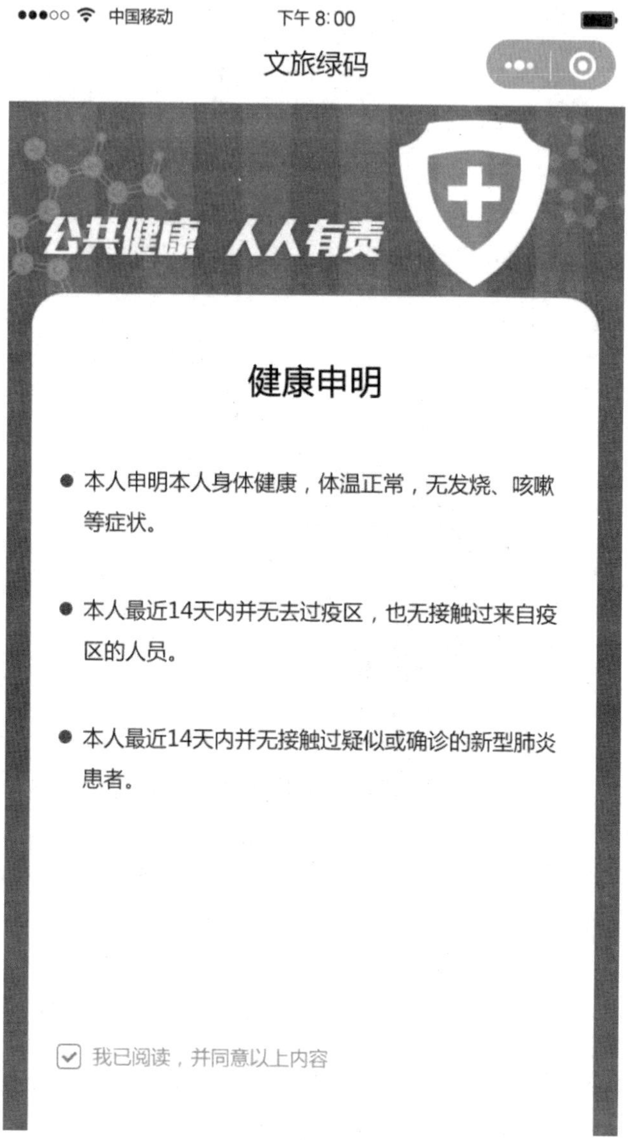

图 4-13 针对博物馆观众分时预约系统——"文旅绿码"

别，实现博物馆 RFID 的个性化服务功能，以增强参观者的互动性与娱乐性。RFID 票务管理系统由后台数据库、售票终端、验票阅读器三个部分组成，各部分之间通过网络系统相连。后台数据库负责存储售票终端发送的持票人信息等防伪信息。售票终端将买票人的相关信息，通过标签印刷机写入票据附带的电子标签中，并同时向系统数据库上传标签中记录的信息。安装在场地入口处的阅读器负责采集票据中的电子标签信息,通过与后台数据库中记录的信息进行比对完成验证过程。

当观众进入博物馆参观时,可选择人工售票或自动售票机购买贴有 RFID 标签的门票;入馆时,可以不需透过警卫或服务员,逐一检查每名观众是否持有购票入内参观,只需在观众进出口读写感应器的地方。

(三)物联网应用之三:知识导航

知识导航是结合 RFID 门票与自助查询机,以提供博物馆参观者个人的便利化加值服务。即在各展览室出入口及各重要展览点架设 RFID 阅读器,让携有门票的参观者,可以随时随地被系统服务。知识导航服务将观众与藏品资料结合,于藏品陈列展出的供应链中,RFID 能提供即时完整的博物馆导览及其周边服务的信息。具体的服务如自动导览、随身导航。

自动导览:当观众进入博物馆内时,通过电子终端设备、射频识别技术和后台中央数据库,进行数据匹配,形成统一的网络控制系统,将各展位、展品、相关设施等信息以文字、图片、语音、视频、VR 等方式储存,观众可通过二维码扫描、微信摇一摇、NFC 靠一靠等方式自行浏览。自动导览为游客提供智能的、全方位的游览支持,在一定程度上是代替了导游的讲解工作。

随身导航:将观众手机、E-mail 等信息与 RFID 门票进行绑定,解决观众对博物馆展品对象的关注而提出的特殊需求,提供面向个人用户的具有现场对象属性的移动信息服务。

(四)物联网应用之四:互动体验

2017 年 11 月~2018 年 10 月,台湾科学工艺博物馆配合“智慧博物馆计划”推出了“爱的万物论——探索物联网特展”,以互动叙事的方式将日新月异的信息技术与科技教育、日常生活连接,并在特展当中设置了一套“虚实整合参观民众行为系统”,实时撷取观众的参观行为。互动体验是结合 RFID 门票与互动多媒体展项,并创建“网上虚拟博物馆”互动体验项目,叠加物联网功能,创造出一种全新的“物联网”式虚实互动的新体验模式。

将 RFID 感应设备装置于互动多媒体展项上,通过 RFID 标签技术,触发多媒体互动展项，在互动体验的同时赚取虚拟货币或支付虚拟货币。同时，也将现场多媒体互动展项与网上虚拟博物馆进行关联，虚拟货币可以在现场与网上进行互用，从而体验真实空间与虚拟空间的完美结合。

第六节　云计算和大数据在博物馆公共教育中的应用

一、云计算和大数据

（一）云计算

云计算（Cloud Computing）是分布式计算（Distributed Computing）、并行计算（Parallel Computing）、效用计算（Utility Computing）、网络存储（Network Storage Technologies）、虚拟化（Virtualization）、负载均衡（Load Balance）等传统计算机和网络技术发展融合的产物。云计算是基于互联网的相关服务的增加、使用和交付模式，通常涉及通过互联网来提供动态易扩展且经常是虚拟化的资源。这些资源被所有云计算的用户共享并且可以方便地通过网络访问，用户无须掌握云计算的技术，只需要按照个人或者群体的需要租赁云计算的资源。

WIKI 定义云计算是一种通过 Intemet 以服务的方式提供动态可伸缩的虚拟化的资源的计算模式。美国国家标准与技术研究院（NIST）定义云计算是一种按使用量付费的模式。本书认为，云计算是一种技术模式，在这种模式中，任何一种资源——应用软件、处理能力、数据存储、备份设备、开发工具，都是作为一组服务通过因特网来传递的（图 4-14）。只需要一台普通网络终端、网络接入和网络流量支付卡就可以实施云计算服务。大数据分析常和云计算联系到一起，因为实时的大型数据集分析需要向数十、数百甚至数千的电脑分配工作。“云”是大数据的处理中心，有了“云”，工业时代的“大”数据变成互联网时代的“大数据”。

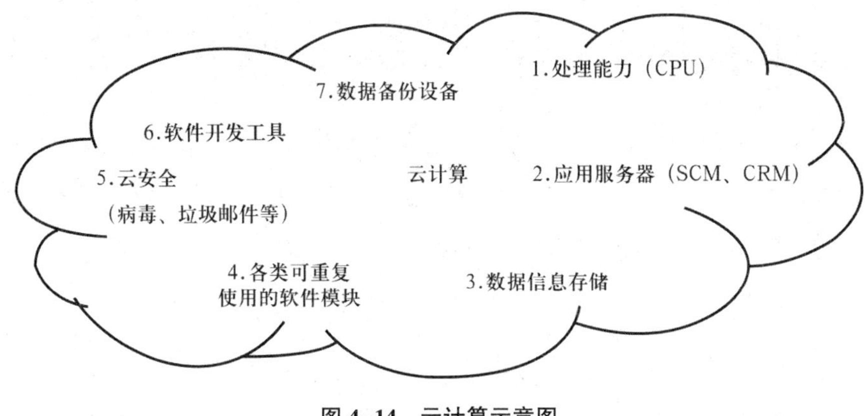

图 4-14 云计算示意图

(二)大数据

大数据是一个比较抽象的概念,关于大数据的概念目前还尚无统一的定义。其中比较公认的说法是,互联网公司在日常运营中生成、累积的用户网络行为数据。被誉为“大数据商业应用第一人”的舍恩伯格指出,大数据的“大”,并不是指数据本身绝对数量大,而是指处理数据所使用的模式“大”:尽可能地收集全面数据、完整数据和综合数据,同时使用数学方法对其进行分析和建模,挖掘背后的关系,从而预测事件背后发生的概率。我国知名信息管理专家涂子沛在其《大数据》一书中论述了摩尔定律、云计算、数据挖掘、普适计算和社交媒体是如何共同作用促成大数据出现的,他认为,大数据中的“大”是虚指,指的是人类有能力发现数据中蕴藏的大价值。大数据概念常常被等同于“海量数据”“超大规模数据”术语进行表述,然而其内涵大大超出了传统的数据形态,也超出了现有技术手段的处理能力。现在互联网行业热炒的大数据的 4 个“V”(Volume,Variety,Value,Velocity),或者说其特点:数据体量巨大、数据类型繁多、价值密度低、处理速度快。最后这一点是和传统的数据挖掘技术有着本质的不同。

云计算和大数据可以说是一个硬币的两面,一方面云计算是大数据的 IT 基础,而大数据是云计算的一个杀手级应用。云计算是大数据成长的驱动力。而另一方面,由于数据越来越多、越来越复杂越来越实时,这就更加需要云计算去处理,所以二者之间是相辅相成的。

二、博物馆公共教育运用大数据与云计算的技术方向

以故宫博物院为例，故宫是一个为公众提供文化服务的单位，既有实体的建筑、文物等也有网站、虚拟影院等非传统的服务方式。而大数据的价值在于挖掘游客的行为习惯和喜好，从凌乱纷繁的数据背后找到更符合用户兴趣和习惯的产品和服务，并对产品和服务进行针对性的调整和优化。

（一）在故宫博物院官方网站的应用方向

例如，故宫博物院官方网站上面提供有数字资料馆（图4-15），其中囊括了建筑藏品、古籍、出版、明清宫廷、文物保护、在线阅览等分类。公众一旦登录到故宫的网站，进入数字资料馆中的各个分类，我们就能够收集到他们的阅读数据，与每个类别的阅读比重。通过这些庞大的数据进行分析，能够把零散的用户兴趣进行分类。哪些人喜欢书画，哪些人喜欢陶瓷，哪些人喜欢建筑等。通过分类，我们可以给不同的用户群推送不同的信息，更加迎合了游客的兴趣，使之游览故宫的时候更加有目的性，对自已喜欢的藏品展览有更加深刻的了解。

图4-15 故宫博物院官方网站界面图

（二）对游客服务的应用方向

除了通过网站，游客通过藏品的电子说明牌、电子导览等设备的使用，也能够

收集到游客的行为数据。通过分析,就可适当地调整现有的一些藏品的展览、说明,以及游览线路的规划等。不仅节省了游客游览的时间,同时,更有针对性地使游客对自己更有兴趣的展馆、藏品进行参观与了解。

从云计算和大数据的发展趋势来看,未来移动终端的使用将变得更为广泛,传统通过计算机访问网站的方式将不再是主流,我们是否可以建立更便于移动终端用户访问的手机网站,或者是开发网站的某些应用时更倾向于移动终端用户,这也许是我们未来努力的方向。针对游客的相关数字导览及展示也可以考虑把移动终端作为相应的载体,这样可能更灵活、更符合未来发展的趋势。

(三)在故宫博物院文化遗产监测平台的应用方向

故宫博物院正在建设文化遗产监测平台,收集包括温湿度监测、配电监测、防雷监测、地理信息监测、三维数据监测等多种多样的数据。如何对其进行分析挖掘,进而从中获得有价值的信息也是我们即将面临的问题。显然大数据是一个很好的视角和工具,如果运用得当,将使得我们采集的这些数据更有价值。通过这些数据,更好地、有针对性地进行管理,能够更有效地避免诸如雷电等灾害对建筑、展览环境的破坏。

(四)在博物馆物联网技术的应用方向

RFID 技术已经被越来越多的博物馆应用于电子票务、智能终端导览、观众兴趣行为分析等领域。这也是博物馆数据来源的一个方式,对于博物馆游客的兴趣分析,以及对于藏品的管理方面都有着莫大的影响。这些都要依托大数据的管理与分析。通过售检票系统每天回馈的数据进行收集,可以知道现场买票和网络、电话预订的客流信息。通过分析就可适当地调整票务及客流的分配比重。

RFID 技术在博物馆藏品数字化管理中也有了相应的应用。如果在藏品上贴上 RFI 标签,就可以将藏品的基本信息、位置信息记录在电子标签中。通过固定式或者掌上式读取器可以对藏品进行跟踪,一旦藏品的位置发生变化,其变化信息可以迅速自动更新至藏品管理信息系统中,免去人工位置信息变化输入的麻烦,大大提高了工作效率。

通过库房门口的 RFID 阅读器可以方便、准确地记录藏品的出入库信息,再与人员的验放相结合,可以确保藏品实际出入库信息与系统保持一致。同时,RFI阅读器还可以对出库和退库的藏品进行识别,与藏品管理系统中的预出入库信息进行比对,有效杜绝藏品管理中的安全漏洞,降低藏品管理的风险。

(五)在博物馆移动办公方面的应用方向

移动办公也是一个很重要的方面。比如我们每天要处理的公文、合同等,放在一起是一个巨大的数据库。通过数据分析,也可以分门别类地进行管理与操作。至于没有处理完的公文,可以内部搭建一个私有云,放在云中,在不同地点、不同设备之间完成未完成的任务。大大提高了工作效率,而不仅仅是拘泥在办公室的工作PC上。

以上这些技术方向还只是博物馆运用大数据与云计算的一小部分,将来会涉及更多方面。❶

第七节 移动终端在博物馆公共教育中的应用

一、移动智能终端及其在博物馆展览中的应用

移动智能终端内部具有计算机应有的核心组件,并根据移动智能终端的特点选择定制硬件,一般都具有接入互联网能力,配有电池,搭载各种操作系统,可根据用户需求定制各种功能,安装各种软件。生活中常见的移动智能终端包括平板电脑、智能手机、PDA、车载智能终端、可穿戴设备等。但多数情况下,移动智能终端是指具有多种应用功能的智能手机和平板电脑。移动智能终端最大的优势就是它的可移动性,用户不再被局限于固定位置,可以随时随地依靠移动终端接入网络。博物馆利用移动智能终端拍照打印识别身份进馆(图4-16)。

❶ 刘佳.云计算和大数据在博物馆的应用前景[C]//北京数字科普协会.数字博物馆发展新趋势.北京:中国传媒大学出版社,2014:254-259.

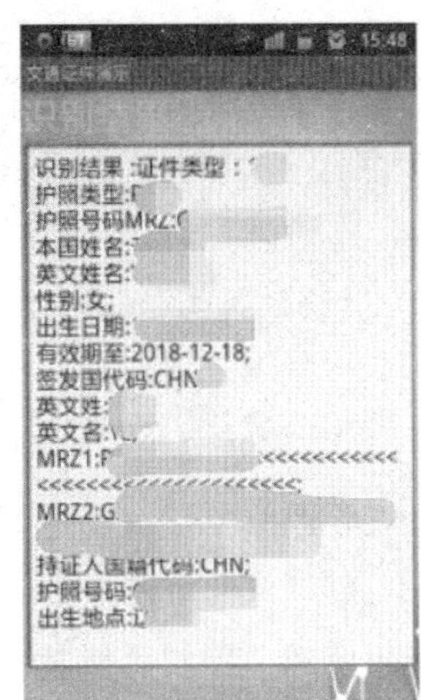

图 4-16 移动智能终端拍照打印识别身份

2020 年 4 月 28 日，中国互联网络信息中心（CNNIC）发布第 45 次《中国互联网络发展状况统计报告》（以下简称《报告》）。《报告》显示，截至 2020 年 3 月，我国网民规模为 9.04 亿人，互联网普及率达 64.5%，庞大的网民构成了中国蓬勃发展的消费市场，也为数字经济发展打下了坚实的用户基础。当前我国网民数量已经处于高位，网民增长和普及率进入了相对平稳的时期。而智能手机等终端设备的普及，无线网络升级等因素，进一步促进了手机网民数量的快速提升。智能移动终端的交互性和可扩展性，能更好地满足人们的各种需求，可以作为博物馆导览载体，更好地帮助公众参观展览、体验互动等。通过调查显示，智能终端的博物馆导览应用程序具有传播范围广、受众类型丰富、互动性强等特点，实现了博物馆传统导览及宣传方式的转变，适应新时代的发展需要。

当前，博物馆除了展示藏品这一传统功能，另一项重要功能就是宣传教育，而应用移动智能终端正是当下一些博物馆采用的方法。该技术将馆藏多媒体资料，博物馆展示多媒体资料充分地整合处理，结合必要的教育理念，制作出适合人们接受的多媒体影像资料，让人们在智能手机、平板电脑上就能够观赏到博物馆的藏品信息，在此过程中增长知识，陶冶情操。通过科技与文化的结合实现传统文化的传播和传承，拓展和延伸博物馆社会服务的职能，如国家博物馆最先推出“文博任我行”App 程序,探索在智能终端上设计导览展示程序。目前国内大部分的博物馆 App 程序主要以提供语音讲解、参观引导等为主,一定程度上提升了博物馆的社会服务质量。

二、移动智能终端在博物馆公共教育中的应用实例

移动终端基于数字博物馆应用平台,选择具有代表性的展览和精品陈列,利用生动有趣的动画、精美的图片、专题视频、音频等形式,展现博物馆文化、艺术、科技知识。移动终端作为分享博物馆知识的新途径,其内容也成为学校教育之外重要的学习资源。我们从博物馆专题展览或知识专题的移动终端项目中可见一二。2012 年 6 月,上海博物馆为了配合竹刻艺术特展推出了 IPAD 应用“竹镂文心”。IPAD 应用“竹镂文心”被归为教育类,免费下载。它从展览展出的 160 余件竹刻展品中精选了 72 件精品,除了提供其高清的图像和详实的文字介绍,使用者还能于其中看到竹刻拓片和竹刻工艺的视频,其主界面采用手绘古典风格的文人书房和庭院的场景。2013 年,“元青花”App 精选“幽兰神采——元代青花瓷器大展”的 30 余件展品,以手绘淡彩插图为主,搭配导览视频及 3D 互动,带来传统而新颖的视觉体验。2014 年,为配合“‘申城寻踪’:上海考古大展”,又推出了“考古上海”App,利用地层学的方法构建上海的时空地图,让文物从展厅中“回归”到曾经的所在地,感受城市的发展与变迁。同年,为配合“纸文化”系列活动,还推出了“‘纸’:源,字,工,韵”App,从一张纸出发,通过五段视频、五百张图片,全面展现造纸、印刷、艺术、设计中的传统与创意。2015 年,为配合“酌彼金罍——皿方罍与湖南出土青铜器精粹展”,推出“南土之金”App;为配合“吴湖帆书画鉴藏特展”,推出“吴湖帆”App……作为展览的延续,这些 App 从叙事的角度出发,内容异常丰富,只需滑动手指,展品细节便近距离呈现在公众面前。

类似上海博物馆的 IPAD 应用“竹镂文心”,在国内还尚属首例。事实上,国内外不少博物馆正在纷纷推出支持苹果系统或安卓系统的博物馆主题应用,如国家博物馆和苏州博物馆等,其官方应用多为整个博物馆的介绍,能于其中观摩馆藏品的高清图片,了解其基本陈列以及博物馆举办的最新活动。

从功能上讲博物馆不仅仅是收藏文物的仓库,更应当承担起向社会大众宣传历史文化展示藏品艺术的职责。传统的展览方式是在固定展厅中举办各种展览,多种形式运用智能移动终端则可以从时间和空间上突破固定展览的种种限制,拉近博物馆与观众之间的距离。

第五章　数字媒体技术在博物馆公共教育中的应用实践

今天我们面对的是一个数字化的时代，无论是多媒体电子出版物，还是在网上建设虚拟博物馆，都需要将原始素材转化为数字信息。博物馆公共教育走信息之路，就应当充分利用目前数字媒体技术，在对外宣传与交流、博物馆藏品管理、展览陈列等方面发挥应有的作用。实践研究表明，在博物馆教育中运用新媒体技术，能够提升教育效果，增强与公众之间的沟通。本章就跨媒体在博物馆公共教育中的应用、非物质文化遗产的保护在博物馆公共教育中的应用、少儿移动应用在博物馆公共教育中的应用、数字媒体技术在陶瓷工业遗产博物馆中的应用这几个方面进行讨论。

第一节　跨媒体在博物馆公共教育中的应用

在未来世界，媒体将越来越流行，且无处不在，人们开始通过媒体叙事。在跨媒体环境中，现实和参与形式及内容都需要重新定义和重新构想。在跨媒体中，越来越多的博物馆不能再被束缚在围墙内，或者是固定的网站上。博物馆在“解读”

观众(如通过博物馆的数据和人口统计资料)的同时,观众也在解读博物馆。相对于充满挑战的、碎片化的、进入日常生活的博物馆体验来说,综合性的、完整的、令人满意的博物馆体验开始失去吸引力。本节试图使用跨媒体这个词让读者理解博物馆的这些改变。博物馆叙事——通过展览以及展览中的互动、表演、工作坊、门户网站、社交网络、数字档案和游戏——创建参与互动的网络,其内容并未完全载入,需要用户补充,甚至其意义都是由用户创造的。

在传统媒体的应用中,跨媒体最常用的地方是在电影和电视剧中提供背景故事;绘制复杂的叙事网络(如一个非常复杂的虚构网络);提供了额外的角色关于故事的视角(如他们的博客和 Twitter);以及通过各种方式加深观众的互动。跨媒体也被视为围绕内容构建社区的一种方式,这些社区都对"认知投资"、实验和游戏感兴趣。传播学学者詹金斯发现他自己关于跨媒体叙事想法的实际应用碰到了一些问题,但在最近这些年,他仍试图将这些想法应用于不同领域,包括跨媒体教育。在这个背景下,学生需要通过多媒体平台积极地搜索内容,学生还需要判断他们找到的内容是否同属于一个故事,或者与找到的其他内容相匹配,学生还要权衡在不同背景下以不同方式出现的信息的可靠性。因此,不会有两个人找到完全相同的内容,这就需要人们与他人分享自己找到的内容,并交换意见。这种查询、社交和游戏模型在数字化的博物馆中将越来越具特色,跨媒体的概念可以帮助我们理解 21 世纪的博物馆中最好的叙事是如何构建、访问和体验的。

我们不得不承认博物馆的参观过程越来越数字化:"互联""网络""参与"。因此博物馆参观的边界变得越来越模糊。博物馆参观什么时候开始,什么时候结束?观众如何区分在一次参观中(不管线上线下)他们"消费"的不同形式的信息,他们在其中找到的不同声音或者不同说话方式:是专业的且权威的、娱乐的,或者来自其他参观者的声音?观众如何设想他们自己融入了博物馆叙事:什么时候上传他们的照片,什么时候应该关注内容的一部分,以供以后使用?搜索引擎、博物馆网站、现场表演、互动展品或艺术品、二维码、移动应用、展览手册、网站导航、博物馆商店等如何帮助构建博物馆叙事?法曼指出将自己同时定位于物理空间和数字空间已经成为很多人每天的日常行为。

2008 年,博物馆学习和观众研究领域两个杰出的学者福尔克和迪克林发布了他们关于观众体验的研究发现:第一,“最好的博物馆为不同年龄、不同教育水平、不同技术水平、不同兴趣的观众提供多种多样的有趣的资料和体验”;第二,他们提到“观众希望在精神上或者身体上参与他们所看到的和做的内容……他们希望跟所看到的实物、理念和体验以某种方式进行连接”;第三,观众“很渴望分享经验,与团队中兴趣和背景各不相同的成员通过合作和交谈分享经验”。在他们的评估中还指出,“最好的”现场博物馆体验是具体化的、沉浸式的、社会化的、好奇的、协作的、富有挑战性的和体验式的。这样的博物馆在不同层面,通过不同渠道使用了不同种类的媒体。简而言之,福克和迪克林在某种程度上对跨媒体博物馆进行了设想。

布鲁内尔大不列颠号蒸汽轮船博物馆(布利斯托尔,英国)是对跨媒体博物馆概念的一个有趣的介绍。它的展示并不是有活力的、前沿的,相反,在主博物馆中的展览是 2005 年建成的。大不列颠号蒸汽轮船自从 1970 年从福克兰群岛回来后就停泊在布利斯托尔的一个干船坞中(大西部造船厂)。“她”作为一艘改变世界的轮船,从 2005 年开始对公众开放(见大不列颠号蒸汽轮船博物馆官网),博物馆总共有 8 个区域,其中包括商店、咖啡馆和布鲁内尔大学研究所(保护设施和图书馆)。这个博物馆这些年由于投资有限,因此它的数字显示设施也有限。在造船厂博物馆观众可以参与驾驶轮船的互动游戏,他们可以通过操作指南转动轮船的涡轮,可以穿上维多利亚时代的服装,并且拍照(博物馆还希望观众将照片上传至博物馆的 Facebook 和其他社交媒体),另外,观众还可以看一些视听影片,包括一个由布利斯托尔民众配音的 15 分钟动画片。在造船厂,观众可以下到“水下”,沿着干船坞行走,感受到人们对这艘船的保护所做的努力。在这里还可以感受到逼真的沉浸式体验,隔着透明的有机玻璃,海水在头上流动,阳光通过海水折射进来。在船上,观众可以拿着免费的语音导览探索四条故事线中的一个,故事的内容从头等舱乘客到船上的猫都有涉及。在这里,观众还可以嗅到当时的味道,目睹航海的艰难。观众还可以得到他们加盖了印章的专属船票(在 12 个月内可以重复参观),这样既能纪念这次参观,又有实用价值。博物馆网站上的宣传页包括了二维码、重要提示、评论,还可以分享到社交媒体,还有一张通过漫画绘制的在码头上展开的地图。因此博物馆中多媒体的应用可以让观众感受不同体验,而且可以在线上线下切换,激发观众的热情。在网络空间,大不列颠号蒸汽轮船博物馆有一个动态更新的网页,网页与社交媒体无缝连接,会定时发帖,并且通过 Facebook 和 Twitter 与观众对话。网站上包括一般的参观信息、联系方式和机构介绍,还有纪念品商店的链接。网站被设计成布鲁内尔时代布利斯托尔的报纸的风格,背景是一系列档案的图片。"故事"通过一系列包括博客在内的多媒体展开,故事时间线链接了相关档案,故事中还包括布鲁内尔工作和生活的历史,以及其他交互式项目。网站上,观众可以访问摘录的乘客日记,还可以注册访问博物馆电子通讯。

2013 年 7 月,博物馆发布的一项声势浩大的宣传活动,势头甚至盖过了网站本身。这个活动为观众提供"探索"、表演和参与沉浸的机会。从海报上我们可以看到网站成了传播的核心机制。这次活动通过在博客上呼吁大家关注海报,并记录他们的关注点,再通过社交媒体回复给他们来完成。博物馆还在 YouTube 网站上传了 9 个视频,内容涉及学校和博物馆的项目,还有很多很好玩的项目:一个是在一个当地的购物中心举办的关于布鲁内尔先生的比赛,还有一个就是融入了布鲁内尔先生特征的哈林摇摆舞。

博物馆有很多故事可以通过不同的媒体向观众讲述:如布鲁内尔造船的成就;维多利亚时代船上的生活;大不列颠号蒸汽轮船回到布利斯托尔;对大不列颠号的保护;它与当地人民众的关系等。观众能在博物馆体验到的只是其中一部分,这取决于博物馆的选择。

关于大不列颠号蒸汽轮船博物馆的内容的概述并不是激励或者让观众一定要通过不同的渠道访问博物馆非常有价值的内容。而是根据观众的不同兴趣点、学习模式和媒体使用习惯,提供不同的叙事。这一点并不新颖,一些观众可能永远不愿意坐下来在传统环境中看一场表演,付费去巨幕影院看一场 4D 电影,或者是因为一本旅游指南而去消费。因为有些观众在参观博物馆时永远不会发 Twitter,所以他们很可能会错过一些基于显示屏的互动项目,也不会去阅读写满字(或只是标题)的图文板。有些人可能会选择通过手机、线上搜索,博物馆(或者是自己带的)书籍获取更多的内容。因此,观众在博物馆的体验取决于各种媒体结合不可控的博物馆见闻,这也为多元诠释提供了可能性,他们的切入点已经不同。在博物馆的体验实际上已经越来越跨媒体。从这个角度看,观众作为内容的“猎人和采集者”是值得推崇的。

布鲁内尔大不列颠号蒸汽轮船博物馆在不同程度上显示了跨媒体博物馆的四个核心特征:遍布性和协作性、碎片化、不完整性、沉浸性和娱乐性。

第二节　非物质文化遗产的保护在博物馆公共教育中的应用

除了科学研究、宣传教育等职能,博物馆还具有文化遗产收藏保护的职能。将非物质文化遗产保护与博物馆宣教工作结合,是有效利用特色资源,使博物馆宣传教育工作克服单一形式,增加与观众互动性,让博物馆变得更加生动有趣。同时,也使博物馆公共教育的内容更加丰富。

一、数字化传承视域下的非物质文化遗产保护

随着现代人们生活水平的逐渐提高,人们愈发重视对精神文化知识的保护与继承,而当前,人们在对非文化物质遗产的保护与利用的过程中仍存在许多问题。数字化信息化时代的到来,给予了人们更广阔的视野,如何利用数字化的先进技术,进一步提升非物质文化遗产的保护与有效利用成为解决当前问题的关键。非物质文化遗产数字化是指通过录入、扫描、转录、摄影、录音、录像等手段,将非物质文化遗产项目的核心内容转化为数字资源。诚然,我国针对非物质文化遗产的数字化保护还处于探索的初步阶段,相关标准、体系还未建立完善,还有许多不足之处。但如今,云计算、大数据等科学技术正在迅猛发展,数字化技术为非物质文化遗产的保护提供了许多全新的采集记录手段,包括图文扫描、立体扫描、全息拍摄、数字摄影、运动捕捉等,利用数字化保护非物质文化遗产未来可期。

(一)非物质文化遗产数字资源的特点

非物质文化遗产数字资源来源于非物质文化遗产实体资源,以实体资源为基

础。除了具备数字资源本身所具有的基本特性，非物质文化遗产数字资源由于非物质文化遗产本身的特性而具备一些独有的特点。

1.复杂性

非物质文化遗产不仅数量和种类繁多，内容和形式也多种多样。例如，全国第一次非物质文化遗产普查初步查明，全国非物质文化遗产资源总量达 87 万项。普查工作形成的文字记录量达 8.9 亿字，录音时长 7.2 万小时，录像达 13 万小时，图片 408 万张，实物资料 26 万件。在非物质文化遗产普查之初发布的非物质文化遗产项目分类代码表中，将非物质文化遗产项目分为 16 大类，大类之下的小类总数为 101 类。此种分类尚存在不合理之处，但也由此看出，非物质文化遗产的种类复杂多样。

非物质文化遗产项目本身所具备的复杂性，导致了以非物质文化遗产资源为基础的非物质文化遗产数字资源势必繁复多样，且不同项目资源采用的数字化手段各不相同，数字化实现程度也不同。

2.本真性

非物质文化遗产本身所具有的流变性决定了非物质文化遗产的立档保存需要遵循其本真性的特点。非物质文化遗产经过千百年流传，融入了传承人对遗产本身的理解和创作，呈现出活态表现形式。随着时间的演进和空间的传播，非物质文化遗产在保持自身同质限度之内进行了演变。因此，数字化记录的主要对象应是非物质文化遗产项目的源头。

3.人本性

非物质文化遗产是由人类创造的，是人类在文明发展史上延续的传统文化。它是人类文化多样性的体现，是人类创造力和智慧的结晶。并且非物质文化遗产的传承也依靠人类，非物质文化遗产的数字化记录要围绕传承人开展。在记录非物质文化遗产项目本身的同时，还需要对传承人的基本信息、传承谱系、代表作品、作品风格特色等进行详细记录，并将其数字化保存。

（二）对非物质文化遗产数字化保护的未来展望

相比于传统文字记录，数字化手段具有无可替代的优势。它能够记录动态实现的非物质文化遗产项目，通过音视频记录时空的演进过程以实现全过程、完整和高保真记录。传统的非物质文化遗产是依靠口头和行为方式进行，其传播速度和受众面相对有限，而数字媒体运用数字技术将传播速度大大加快，传播的信息有了极大扩展，受众面也有了很大延展。数字媒体除了具有在传播形式方面的多元化优势，还具有互动性和开放性。数字媒体的互动性可以增强公众的参与度和兴趣，通过实时的通讯和反馈，扩大了非物质文化遗产在群众中的认知度和关注度。❶将虚拟现实技术引入非物质文化遗产领域，通过此技术逼真模拟过去、现在和未来的文化场景，特别针对节庆仪式类的“文化空间”，不但能给观众带来强烈、逼真的感官冲击，还可以使公众参与交互，提高公众兴趣。此外，还有增强现实技术（AR）和混合现实技术（MR），为非物质文化遗产数字化保护提供了技术保障。

二、博物馆对非物质文化遗产的展示

非物质文化遗产中的遗产具备两种表现形式，其一是依赖于物质性的东西存在，但其非物质文化的内容和精神内涵相对来说更重要一些。像实践表演、特技技能表演等都需要依附于一些工具、实物和工艺品以及文化场所。在戏剧表演当中所需要的戏服、道具、古琴和曲谱等，以及各种各样的刺绣需要的针线、布匹，假如缺少了这些，那么对于非物质文化遗产来说就缺少了根基所在，缺乏完整性。只有具备了这些物质性的东西，该遗产的物态化过程才得以呈现：表演者在表演进行的时候要穿上戏服，并且还要手拿道具；而对于古琴演奏者来讲也需要切切实实的手抚琴弦；刺绣者则必须要手拿针线一针一线缝制。

再如昆曲艺术，2001年，我国的昆曲首次被列入国家“人类口述及非物质文化遗产代表作行列”当中。昆曲艺术诚然是一种现代化非物质性的东西，而对于昆曲本身来讲也是现代化中华传统艺术的大势所趋，其文辞韵律极致优美，舞蹈曲目更是美不胜收，非一个“物”字能概括的。就此，其真正依托的也正是一个物字，无论是表演者穿的戏服，或是手中拿的道具，以及吟唱的曲谱和其所依照的脚本都属于物质的。

❶ 朱烨青，王云庆.数字化传承视域下非物质文化遗产保护的问题及展望［J］.人文天下，2019（17）：55－59.

事实上,这些种种属于静态的东西都可以以一种非物质文化遗产的形式收藏于博物馆中,进行展览及保护,和以往我们博物馆中收藏的藏品一样。唯一不同的是,它并非是孤立存在的,而是以一种像昆曲诸如非物质文化遗产品类的组成以及重要的构成部分来被保护的。

针对非物质文化遗产,我们能够对其物质的成分像馆藏品一般进行收藏、保护和展览。与此同时,对于那些非物质的形态,则可以以动态的展演呈现在观众眼前。例如,中国南京云锦博物馆就对南京云锦各个方面做了相关的展现,很好地融合了动态化的技艺过程以及静态化的成品美学。事实上,云锦属于丝织艺术品的精品和精华,是“寸锦寸金”的珍贵丝织品。中国南京云锦博物馆就以静态的形式,展现出了云锦的产成品和其具体用到的生产工具——大花楼木织机,以及一些与云锦相关的丝织品,如各色丝绸文物的复制精品和丝线、云锦服饰等。除此之外,中国南京云锦博物馆二楼还展示了云锦的生产工艺,这恰恰又是不同于静态化展演的动态展示。

三、博物馆非物质文化遗产的保护与传承策略

(一)注重媒体宣传

只有在非物质文化遗产被更多国民了解和熟识的情况下,才能够提高对这类遗产的保护和传承质量,随着自媒体行业的兴起,虽然对传统媒体造成了强烈的冲击,但是对博物馆的非物质遗产保护方面提供了帮助。自媒体方面可以通过对相关讲解和介绍性文章的投放,以更好讲解相关产品中所蕴含的非物质性文化遗产类型。另外,传统媒体当前的节目制作精良度大幅提高,所以也可以借助对传统媒体的对接,完成对各类文化遗产的宣传,让民众能够更好地了解所蕴含的文化底蕴,此外,可以让更多的人才参与到对非物质文化遗产的保护体系中,并带动更多的人参与到对这类文化遗产的传承过程。

(二)强化内容扩展

我国当前的博物馆已经开始从幕后走到台前,在各类藏品的宣传过程中发挥重要作用。比如对于《国家宝藏》等大型电视节目来说,让更多民众了解到国宝之

美，并激发出强烈的文化保护欲望。但是从节目的制作结果上来看，只有在少数几期中传扬国宝的制作过程中所含有的非物质文化遗产。例如，对于我国最先研发出的脱蜡法来说，其可以作为一种非物质文化遗产传承，然而由于一些历史原因以及民族的不重视问题，导致脱蜡法当前已经被其他国家注册了专利，为了防止今后的非物质文化遗产传承中出现这一问题，需要重视对相关文化内容和举措的研究和讲解，从而让更多人重视对非物质文化遗产的保护工作。

（三）注重人才输入

任何行业的发展和优化过程中都需要重视对人才的投入工作，尤其是对非物质文化遗产保护工作来说，一方面该项工作已经迫在眉睫，另一方面文化本身中含有很高的科学性和合理性，只有对其内涵的深入挖掘才可开发出更为优质的保护措施。这里提出的人才输入工作中，不但要包括对各类美术专业人才的输入，也要重视对工科人才的吸纳。这类人才的作用为，通过对相关文化的学习和了解，更好地研究非物质文化遗产中所蕴含的科学性原理，在此基础上制定相应的保护措施。另外，也可以引入传媒类人才，其工作内容为了解当前宣传过程中存在的不足，并在此基础上制定后续的宣传方案，从而让博物馆方面能够通过对相关文物的讲解，让更多人了解到其背后蕴含的非物质文化遗产内容，在此基础上让所有人都能够了解我国具备的优秀传统文化，从最终的作用效果上来看，博物馆在后续的工作中需要建成整体性的人才培养体系，同时也可以通过人才培养的方法，让所有人员都能够参与到对非物质文化遗产的保护宣传以及传承工作体系中。❶

（四）公共教育

1.互动式体验活动

开展一系列针对儿童和青少年的文化体验活动，尝试在节假日邀请民间艺人或传承人进行现场制作演示或教学，通过孩子们的亲身体验，加深他们对传统文化认识。例如，可以设置制陶体验活动，元江、新平土锅寨因烧制土陶而得名，取当地盛产的黏土为原料，工艺特点采用慢轮手工制作，主要品种有锅、罐、壶等日用品。

---

❶ 邓曦.博物馆非物质文化遗产的保护与传承策略探究[J].卷宗，2019(26)：156.

在博物馆中的制陶体验不仅有利于青少年对古老的制陶技艺有更深入的了解，而且可以培养青少年的耐性、想象力、动手能力。

2.经常邀请专家做有关非物质文化遗产的讲座

举办内容丰富的讲座，可以通过积极地引导，进一步宣传非物质文化遗产保护知识，拉近社会大众与文化遗产的距离，提高全社会珍视传统、保护非物质文化遗产的自觉意识，共同推动非物质文化遗产保护工作顺利开展。[1]

第三节　少儿移动应用在博物馆公共教育中的应用

博物馆是为社会及其发展提供服务的非营利性的永久机构，教育是博物馆的重要职能。少儿因为其独特的认知特征、参观兴趣和参观行为，成为博物馆教育问题中最重要和复杂的部分。各博物馆一直致力于探讨新的思维方式和科技手段，为青少年提供优秀的传统文化学习与教育内容。随着移动设备的快速发展，近年移动应用呈现了爆发式增长，对很多行业产生了变革性影响，也引起了一场教育的革命。故宫博物院、上海博物馆、苏州博物馆、台北故宫博物院等国内知名博物馆已经陆续推出了移动应用，北京故宫博物院更是推出了一系列的针对少儿教育的App。这里旨在结合苹果移动应用商店中优秀教育类应用的实例分析，为博物馆开发针对少儿的移动应用带来经验和启示。主要包括，目标受众的确立、少儿移动应用的基本形式和一般特征，并思考了如何在内容策划中实现与少儿的有效沟通以及博物馆开发少儿移动应用的社会责任等。

一、少儿移动应用需求获取策略

（一）理解少儿

为少儿设计移动应用第一步就是要接触少儿，并观察他们的行为特征，分析他

[1] 马文娇.博物馆对非物质文化遗产的保护[J].文物鉴定与鉴赏，2018(2)：94-95.

们的真实目的。可以尝试进入少儿世界，比如，参观少儿家居店、看少儿动画片、故事书和玩他们的玩具，设身处地考虑少儿的心理状态。

少儿思维方式与成人不同，智力发育不健全，处在学习阶段，低龄幼儿主要依靠本能生活，有时会学习大人的行为，但又显得天真。他们对世界充满了好奇心，活泼好动，有强烈的探索和求知欲。容易犯错误，需要大人的关爱，喜欢与他人分享或炫耀，期望能引起他人的注意，容易受外界环境影响。

少儿语言没有发育成熟，无法完整表达自己的想法。在获得不同体验时，比成人更乐于表达。使用不熟悉产品时，少儿羞于表达，遇到困难会变得烦躁，他们需要获得指导和鼓励，而不是指责。少儿不像成人那样，可以快速切换角色或从某个故事情节中脱离出来，变化太快会让少儿难以适应。

(二)区分年龄段

不同年龄的少儿，观看的内容有差异，如低龄幼儿适合儿歌系列，这种差异性比成人要强烈得多。少儿移动应用研发者应结合不同年龄段少儿的认知策划研发产品。例如，台北故宫博物院的艺术影音教育频道(图 5-1)，针对少儿推出了影片财迷、画画、成语、学英文的产品。

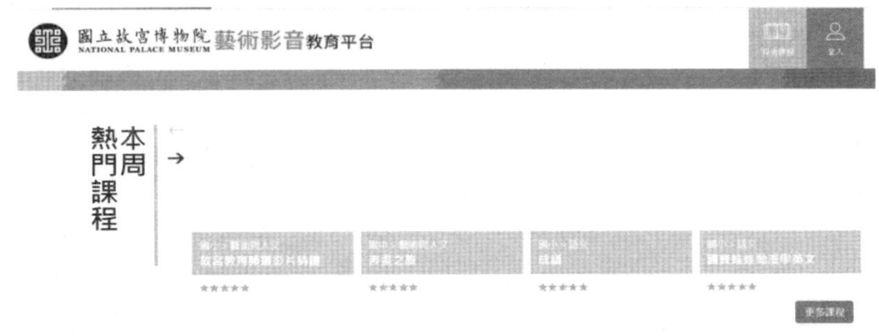

图 5-1　台北故宫博物院的艺术影音教育频道界面

(三)避免干扰

少儿对于界面上的元素会有强烈的好奇心，尤其是被一些比较立体、浮动或变化的元素吸引，并会去点击。他们的浏览习惯不像成人那样有规律，如从左到右，或从上到下。成人可以有意去忽视界面上广告等干扰性元素，但少儿是无法做到这一点,甚至会忽视主体内容,完全被广告所吸引,这样会导致少儿的任务操作被中断。

(四)增加趣味性引起关注

为少儿设计的产品一定要有趣,这符合少儿玩的天性,传统的一些教育方式也会和玩相结合,寓教于乐,吸引少儿产生兴趣并获得更长的注意力。尤其是低龄少儿,对待其他物品首先是玩家的身份,然后是学生,最后才是用户,这三个身份也形成了少儿与移动设备之间的关系。

玩家:设备必须能娱乐和用来消遣。

学生:设备对于少儿而言像一名老师,并期望能获得挑战和奖励。学习过程简单自然,但又不明显,甚至少儿没有察觉到。

用户:少儿将设备看作工具,并很容易使用它。他们使用的动机非常单纯,角度也不同,如果不喜欢,会直接放弃。

这也增加了少儿产品设计的难度。为成人设计的产品,能满足任务操作即可,但在少儿眼中,任何产品都可以是一个"玩具",他们的目的并没有成人那么明确,成功吸引他们的注意力之后,才开始有兴趣关注应用的主要功能。

(五)手势交互,简单易引导

"交互"就是参与活动的对象,可以相互交流,双方面互动,是人机界面设计领域的重要内容。触摸屏的手势操作有很多种,如点击、滑动、长按、拖拽和双击,但少儿只会点击屏幕,如果某个元素很有趣,他们会长时间重复点击。少儿对于界面任何地方都会点击,一方面设计时要防止误操作,另外一方面也可以利用这种操作习惯让界面更加的有趣,少儿不会使用长按和拖拽等操作,但可以将这些操作留给家长去操作一些高级选项。

(六)界面开发保持简单

如果设计一款非游戏类 App,最好让界面保持简单。如 iPad 版故事书,少儿在使用过程中,绝大多数时间是在听故事。视频播放器中,成人需要快进快退、切换清晰度、查看简介、缩放屏幕、评论和查看相关视频,而儿童只需要播放和暂停操作。北京故宫在儿童交互式教育产品的开发上已有案例可循,在 2014 年年底,故宫推出了针对儿童的教育类 App—“皇帝的一天”。这款 App 主要定位在 9~11 岁的儿童,画面风格迎合了孩子们的审美,运用了手绘的卡通风格。区别于故宫出品的其他 App,在“皇帝的一天”中几乎不会出现大幅的文字介绍,而是通过角色扮演,再通过完成不同的游戏任务如拼图、解谜等来学习相关的文化知识。

(七)视觉设计以高纯度高明度颜色为主

长时间观看屏幕,会导致少儿视力下降,这也是为什么家长更愿意给少儿观看电视和 iPad,而不愿意让少儿使用字号很小的手机屏幕。婴儿刚出生时,大多是近视眼,到了 4 岁,视力才发育至 1.0 左右。在产品中增加提醒休息功能和增大字号,会有助于保护少儿视力。

少儿对于颜色的辨别能力有限,这也是为什么少儿家居通常是高纯度和高明度的原色,很少出现灰暗的颜色,暖色居多。

例如,北京故宫博物院教育频道的一个专门针对少儿的宣传界面(图 5-2),画面颜色饱和度就很高,能够对少儿产生很大的吸引力。

图 5-2 北京故宫博物院教育频道宣传界面

(八)获得家长信任

少儿产品具有一定特殊性,少儿自身是使用者,而家长却是购买者。也就是说,要想让少儿使用你的产品,必须获得家长的认可。产品在设计上不只是满足少儿的需求,同时要满足家长对内容、操作和特殊设置项的要求。

购买玩具,家长通常仔细阅读说明,担心材料会不会伤害少儿或有被误吞的危险,包装上通常有明显的广告语,如对少儿无危险或妈妈放心产品等,以此来获得家长的信任。对于互联网产品,家长最为担心少儿看到不健康内容和沉迷游戏。App 是由家长下载和试用,所以 App 描述文案和主界面最好能表达出明确的信息,尤其在 App 没有有效的推广渠道时,产品在家长之间形成口碑尤为重要。

综上,少儿移动应用研发者应以少儿的需求特征为前提,研发策划移动互联网产品。少儿设计不仅要在界面上满足少儿的操作需求和使用习惯,而且要有责任保护少儿的身心健康,提供益智类和有教育意义的产品,帮助少儿形成正确的价值观。

另外,从一个成人的经验出发,不管是迪士尼、梦工厂,越来越多的例子表明一款好的少儿产品是可以跨越年龄的。例如,动画片《疯狂原始人》就是一部有口皆碑、老少咸宜的作品,唤起每个成人纯真善良的童心。所以,一款理想的少儿移动应用是结合了工具本身的意义,能满足父母、老师需求,根据不同年龄阶段孩子的特点而进行策划的。但真正的诚意大概在于出发于此却不局限于此。

二、少儿教育类移动应用常见的形式

少儿教育类移动应用常见的形式有电子书、游戏类。这里主要选取了苹果商店中一些互动性较强、设计中大量采用中国传统文化元素以国学启蒙、民间艺术、传统文化为主要内容的应用。

电子书是教育类应用最常见的形式,如《国学全集》《唐诗精读》《瓢虫》《森林》等,这些应用注重把传统的文字阅读与触控体验相结合,延展深化阅读体验。

游戏类应用是最常见和最受欢迎的应用形式。常见的如益智类、角色扮演类、跑酷类、手工制作类等。游戏应用的开发者往往拥有成熟的技术开发平台和炫目的视觉效果,虽然博物馆寓教于乐的教育方式并非完全的游戏化,仍然要以准确严谨的知识传播为目标。

三、为博物馆公共教育开发少儿移动应用的内容策划——以“皇帝的一天”应用为例

信息化时代里,“读图”和“游戏”可能是少儿甚至大多数成人喜闻乐见的形式,但电子媒介“引导的流行文化和娱乐文化,正消解着少儿的理性思维,使他们变成懒于思考的‘平面人’”❶。随着孩子年龄的增长成为老师、家长甚至整个社会的隐忧。博物馆作为一个社会服务机构,最终目的不能偏离于给孩子一个身心健康的成长环境,在电子化时代保护孩子。

馆校合作一直是国内外博物馆在青少年教育方面的重要议题。便于携带的移动设备能够更方便地融合这两种资源。一方面,博物馆的移动应用内容可以与学校的教学计划相结合,把移动设备带入课堂进行即时的辅助教学,强化学习效果。另一方面,博物馆可甄选已有内容,制订少儿学习计划,如台北故宫网站,就设有专门的 E 学园,寓教于乐引导少儿系统地学习文物知识,如果可结合移动应用的特点,成为可学习可操作的教案,对于提高孩子的学习兴趣会更有帮助。❷

“皇帝的一天”(以下简称“皇”)是故宫博物院推出的传统文化教育类应用(图 5-3),目标用户设定为 9~11 岁的儿童,2014 年 10 月 30 日正式在 App Store(iOS)上线。该应用摒弃了传统文化教育中常见的说教、单方面讲述或纯粹文物展示的形式,通过生动的故事和充满趣味性的游戏交互过程,让儿童在直接参与过程中了解到清代皇帝生活的点点滴滴,感受其中所体现的中华民族传统美德。“皇”以向少儿传播清朝宫廷文化为主要目的,内容涵括了皇帝的每日作息和日常政务、宫廷服饰、宫廷膳食、宫廷娱乐等七大板块(图 5-4)。在具体内容讲述方面,基于宫廷文化背景及特定年龄阶段的目标用户认知特点,“皇”采用了情境导入法,即通过“能创设一定的情境(故事情境、问题情境等)”,从而达到“激发少儿学习的兴趣,满足其好奇的天性”的目的。应用中设计的具体情境是:少年皇帝为了能微服

❶ 谭旭东.阅读指向电子媒介的图像革命使儿童成人化,成人儿童化电视文化破坏童年生态[EB/OL].(2005-06-12)[2020-07-13].http://zqb.cyol.com/content/2005-06/12/content_1129240.htm.

❷ 刘宁星.关于博物馆开发少儿移动应用的调研和思考[C]//北京数字科普协会.数字博物馆发展新趋势.北京:中国传媒大学出版社,2014:223-226.

出巡,需寻找到一位与其长相一模一样的宫外少年暂代其职务。通过“体验一日皇帝”这一具体故事情境的设定,将原本复杂、抽象的宫廷文化合理地融合在故事发展中,变成用户可以直接感知的具体细节;少儿可以通过操纵应用中的角色,尝试担当“皇帝”,而清代宫廷礼节等相关的文化知识内容,也在故事展开的过程中,细腻、真实地呈现在用户面前。

图 5-3　故宫博物院推出的传统文化教育类应用——“皇帝的一天”

图 5-4　“皇帝的一天”了解皇帝的衣食起居办公学习

为了让少儿用户能够更清楚理解故事内容,“皇”在游戏开始前和结束后分别加入非互动动画(即播放期间,用户无法操纵角色),通过动画片段对故事进一步补充说明。片头动画“引子”时长 1 分 30 秒左右,作为引入部分,该动画向用户简述了故事背景、交代了出场的主要角色及接下来的游戏内容,把用户引入设定的情境当中;片尾动画在用户完成所有章节体验后出现,完善故事结尾,点明少年完成一天的考验,皇帝实现出宫愿望的结局。

故宫博物院推出的 iPad 应用“皇帝的一天”虽然存在部分内容过于复杂、文字介绍超出用户识字范围等问题,但在故事方面做到了抽象文化、故事串联,视觉方面做到了传统元素、童趣表达,交互方面做到了简化操作、精确回馈,是一个较为成熟的少儿产品设计案例。少儿传统文化教育类应用只有在立足于传统文化的基础上,积极迎合少儿受众的特点,并进行创新设计,才能真正被少儿所接受,实现传统文化传播的目的。❶

第四节　数字媒体技术在陶瓷工业遗产博物馆中的应用

本节从博物馆的情境化参观体验的三个阶段出发,研究数字媒体介入下的陶瓷(行业)博物馆公共教育升级的应用形式。以景德镇陶瓷工业遗产博物馆中的部分展项为例,探讨数字媒体介入下博物馆的强调交互、多媒体浸泡式、个性化体验区别等的体验特征,并提出有利于提升参观者认知升级的博物馆情景化设计理念,从而给参观者带来前所未有的体验内容和体验感受。

一、陶瓷(工业)博物馆情景设计分析

现代博物馆的情境设计已经从以传统的展品为重心,过度到以观众体验为重心,在展示空间这个容器中,以展品展示为基础,借助数字媒体技术的手段,以体验过程为轴线,达到提升参观者认知度,实现博物馆公共教育的目的。景德镇陶瓷工业遗产博物馆作为陶瓷工业为主要内容的行业博物馆,采用“以物展史”的方式,利用宇宙瓷场留存的旧窑房,通过修补修复创新,充分利用现代新材料、新造型,以场景再现、珍贵实物、图片资料、多媒体展示等多种数字媒体艺术设计介入的方式,

❶ 刘莹.面向儿童用户的传统文化教育类移动应用分析[J].艺术与设计(理论),2017(6):76-78.

系统介绍了景德镇近现代(1903~2015年)陶瓷工业的变迁发展。

博物馆空间、媒介、展品和参观者共同构成了数字时代博物馆情境设计的基本元素。“博物馆要更好地为观众服务,其陈列展示必须要以观众为中心,不仅仅考虑‘我能给观众什么’,而且要考虑‘观众需要什么’,吸引公众参观是博物馆发挥传播与教育功能的前提”。在博物馆中通过陈列品和遗址展示与参观者产生情境互动交流,运用数字媒体交互设计,如景德镇工业遗产博物馆内的不同时代电话机的设计,时代当事者口述历史的投影设计等,都能让观众获得关于这段工业发展历史情景中的无限想象可能。

二、数字媒体技术应用于陶瓷(工业)博物馆情景设计的要点

(一)强调交互的情境化设计

景德镇工业遗产博物馆作为中国陶瓷行业的重要记录者,在行业博物馆中也受到了格外的重视。展厅中不仅展示了圆包窑遗址,还布置了大量现场的视频、采访、报导等多媒体展示资料。其中最震撼的是景德镇市“十大瓷场”的六万陶瓷工人缩影的照片墙,通过情景化、艺术化装置的展陈设计把参观者环绕其中,仿佛想要向参观者开启各种记忆的频道,同步给参观者“劳动者记忆”,讲述历史的变迁,使得博物馆的展览主题得到进一步强化。

这种情况下,数字媒体制造的情境远远超过了传统意义上的实物展示,而参观者自身如果能参与到展示情境之中,模糊藏品和展品、原作和仿作、真实和虚拟之间的关系,就更能实现博物馆的公共教育意义。可以通过数字媒体技术将圆包窑改造成圆幕5D电影体验厅,将陶瓷工业发展的历史和新中国发展的历史变迁浓缩在一部影片中,甚至让参观者本身也成为展示内容的一部分,而不是传统博物馆的上帝视角的参观模式。

(二)强调多媒体浸泡式的情境化设计

数字媒体影响下的博物馆公共教育的实现,更加强调观众在探索的过程中去发现问题和解决问题,而不是完全以时间线性的形式去经历事件。所以如何往孤立的展品置入合适的虚拟情境并与之后的展品发生联系,从而解决展品语境缺失

的问题就变得至关重要。博物馆花了 3 年时间进行建档、实物收集并拍摄纪录片完成的400 多名瓷工的口述影片,其中包含了工人建厂垫资支援建设、学大庆、技术改造、20 世纪 90 年代下岗、企业改制等近几十年的发展过程,现在都是以投影播放的形式展出,参观者无法长时间驻足观看,无法带入情境。这就需要博物馆开发出一条完整的叙事链条,以讲历史事件或者重要人物作为叙事的节点,弱化文字和细节,通过数字媒体技术的媒介形式,将文本、图片、音频和视频等信息以档案的形式加以展示。参观者在完成这一步信息量丰富的体验后,为了进一步的认知升级,通过游戏"闯关"式的不断提问,让参观者进行判断和选择,并且利用奖励的机制调动参观者的积极性。这样有挑战性的互动展示情境,不仅能让参观者主动参与到博物馆展示中,而且能轻松地获得知识,完成博物馆的公共教育职能。不光在展厅内可以参与游戏,甚至在结束参观活动之后,在手机上继续参与知识问答游戏。

(三)强调体验区别的个性化情境设计

未来的博物馆情景化体验强调两个方面:真实体验和虚拟体验,两者交互融合。陶瓷博物馆陈列展示从泥土到精美瓷器的器物开发的过程中,借助数字媒体让博物馆内的陈列品更便于理解和接受,特别可以通过虚拟现实创造的虚拟现实场景再创造。现有一款陶瓷 App 是可以完成瓷器的成型过程,后期再将行业进程中经典的纹样图形进行提炼,做成图形模块,参观者可以自由地在已有的器型上贴花不同的图形纹样,从而在游戏互动中激发参观者的参与,理解陶瓷制作工艺,真正让博物馆为参观者量身定制信息、内容及服务。参观者看到由自己亲自完成的陶瓷,充满了喜悦和激情,整个体验过程轻松愉快。博物馆还可以针对这些个性化的需求进行文创产品的定制和开发。这样虚拟体验才能打破时空的限制,促进知识分享和传播。打破传统博物馆的权威和僵化,得到轻松和自由的个性化情境体验感,让不同的参观者即使进入同一个博物馆,却能得到不同的体验和收获。

在数字媒体介入下,陶瓷(行业)博物馆的参观者是博物馆情境化设计的最终体验者和交互者,在完成了观看、认识和理解展品的体验后,更要能够完成个性化的体验,促进参观者的认知升级,实现博物馆传播和教育功能的升级。

第六章　数字媒体技术下博物馆公共教育实践案例

数字技术的迅速发展和广泛应用,在很大程度上改变了传统的信息传播方式,而且这种改变还在进一步深入中;互联网技术的崛起和发展,为新媒体的出现创造了条件。当今社会,新媒体的兴起方兴未艾。新媒体相较于传统传播媒质具有诸多优势,尤以便捷、高效见长,不可逆转地改变着人们的交流方式,使人们的信息获取量能够在短时间内获得急剧的提升,而这也恰恰切合了信息爆炸所带来的时代特色。新媒体时代的到来,为博物馆发展带来机遇的同时也带来了挑战,博物馆发展也应该紧跟新媒体前进的步伐,立足于数字化建设,拓展教育功能,拓宽宣传渠道,使之成为社会主义新时代历史文化学习传播的窗口。❶ 本章就数字媒体技术下国内外博物馆公共教育实践案例进行分析。

第一节　数字媒体技术下国外博物馆公共教育实践与分析

一、日本 teamLab 项目

当前,博物馆在公共文化生活中扮演着越来越重要的角色,在结构转变的社会

❶ 聂安娜.新媒体视域下的博物馆数字化发展略论[J].卷宗,2018(6):1.

背景下,为了迈向真正的公共行,博物馆的教育功能和知识传播功能在公共文化生活中发挥了更重要的作用,吸引更多的观众来到博物馆,感受并体验博物馆的文化氛围,获得与众不同的文化体验,因此,共享文化成果就成为博物馆教育空间设计的重中之重。日本的 teamLab 项目因其颠覆性地打破物质世界的空间交互设计,调动参观者受想行识的所有感官沉浸式体验,成为“全球十大必看展之一”。teamLab 项目的数字媒体艺术优势不容小觑,也为我国博物馆教育空间的设计和提升提供了很重要的借鉴意义。

(一)teamLab 数字媒体艺术的优势

teamLab 是目前全球炙手可热的数字媒体艺术设计团队,以猪子寿之为首的 500 多名艺术家、数学家、CG 设计师、计算机工程师、数据库工程师、互动感应专家共同设计开发出一系列虚拟显示、数字引擎动画、大型数字交互装置的展览。参观者的沉浸式体验感很强,内容美感极佳,这个项目的成功主要有以下五个方面可以借鉴。

1.以数字美学形式传播传统日本美学

teamLab 的作品扎根于日本传统美学,通过数字动画艺术的形式进行展现,是对日本传统美学——物哀、幽玄、侘寂的传承和创新。teamLab 上海无界美术馆作品“在人们聚集的岩丘上,注入水粒子的世界”中完美呈现了日本人认为世界空间的所有物质:山谷、河流、森林、花朵、动物等都和人一样是具有灵性的,通过电脑编程创造的水粒子进行连续体表现,再经由电脑计算粒子之间相互影响的关系,根据水粒子的移动在空间中绘制成线,这些线的集合形成了超物质空间的瀑布,人站立在这个超物质空间中,可以成为改变水流的岩石,成了阻碍水流变化的存在,参观者的观赏行为举动不断影响作品,经由电脑计算超物质空间呈像不断变化,眼前这一瞬间的画面,错过就无法再看到第二次,真正体现了“幽玄”的美学观点。而结合日本传统点茶形式的互动体验更是能在点茶的茶碗中绽放繁花,花朵经历诞生、生长、结出花蕾开花,到不久后的凋亡。只有保持茶碗中有水,花朵就永远重复着诞生和死亡(图 6-1)。这正是枯枝中有岁月的痕迹和可见生命的蓬勃,“侘寂”之美学。其他的作品元素包括日文传统书法、日本嫁娶新娘、鸟兽等都通过极具艺术美感的形式呈现了“生命循环”“永恒与瞬间”等日本美学哲学内涵。

图 6-1　teamLab 的作品尝试用花与人之间的互动来展现创意，充斥着哀伤的美

2.数字化沉浸式交互体验鼓励多维度交互体验

在 teamLab 作品中，参观者可以融入数字作品中去，并且成为其中的一部分，而且参观者的活动决定了艺术品的运动，物质世界不断的变化影响着数字对象与周围环境之间的联系，装置会实时计算产生一个复杂的、仿照自然变化的超物质虚拟世界。这种参观者和作品之间的双向互动关系，经由数字作品中虚拟的花朵、流水、鸟兽、文字等元素呈现，带动作品声音、颜色、亮度、气味、场景的变迁，促使参观者体会自我、本我与环境互动创造的美好图景，从而让参观者对超我进行思考。而且，除了自然主题之外，面向儿童的互动与玩耍，teamLab future park 更是一个针对儿童的以“共同的创造性，共创”为概念的教育项目，是能够享受与他人一同自由创造世界的游乐场。“天才跳房子”作品（图 6-2）中，地面上有很多圆形、三角形以及方形的形状，这些符号可以发出响声，连续跳跃在相同的形状或同样的颜色上就会出现更加美妙的颜色或者动听的音符。孩子们可以全身心地感受声音、形状、颜色之间的美妙。“彩绘城镇”作品中，孩子们可以自由对城镇内的物件（车子、大楼、宇宙飞船等）进行上色、画图样，通过扫描进行计算成型，孩子们可以在城镇碰触自己创造的作品，并与之互动，而且每个物件也都有各自的分工，比如消防车和吊车就是负责守护城镇的安全等。

图 6-2　“天才跳房子”作品

3.打破物质世界的界限，解放艺术

teamLab 打破数字媒体技术的物质世界限制，在空间建构上实现了很多突破，室内室外均可成展，而且十分注重作品和物质空间的和谐统一，使参观者能够长时间打破物质空间进行畅爽沉浸式的参观体验。例如，在日本东景缘寺庙，一个有着600 年历史的寺庙中，通过书法得到的灵感进行的投影作品，展示了书法线条的动线、力道、快慢、圆形的一笔幽，极具禅宗意味。御船山乐园的池塘的“Drawingon the Water Surface Create by the Dance of Koi and Boats”更是通过装置艺术模拟出仿佛具有灵性的鲤鱼群(图 6-3)。数字媒体艺术作品与物质世界的紧密契合，让装置艺术的审美性和教育性被最大程度地接收。

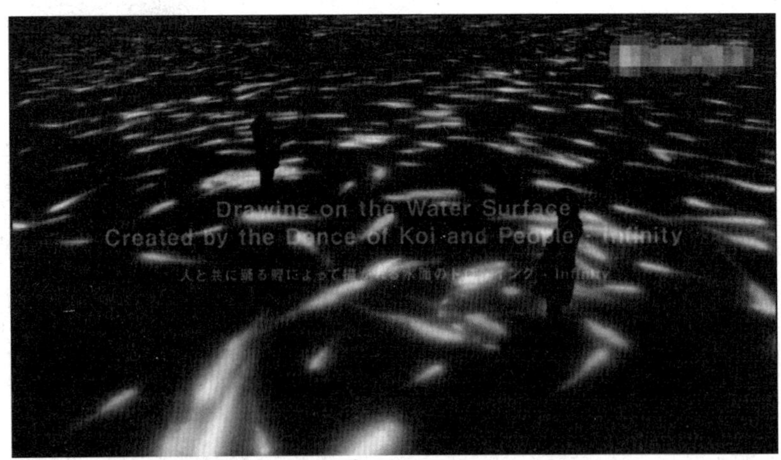

图 6-3　teamLab 项目作品的模拟鲤鱼群

4.汇聚人才梯队

teamLab 是 2001 年以东京大学研究所的学生为中心所创立。最初是一个只有 4 个人的数码技术与艺术的跨界公司，现在已经是有 500 多名艺术家、数学家、CG 设计师、计算机工程师、数据库工程师、互动感应专家的专业团队，团队的合作实现了技术与艺术的完美融合。团队根据不同的项目组成不同的专业技术小组，使得每个领域的专家最大程度地发挥自己的专业能力，对项目作品进行反复调研、讨论和修改。正是通过跨界、跨领域的合作，从而突破艺术、科学、创意以及技术等层面的物理界限和领域界限。

5.分层次进行展示和体验

teamLab 从创立以来经历了 10 来年的市场摸索和成长，才确定了现在主要呈现的 8 种艺术展览形式。这 8 种艺术形式，几乎涵盖了各种审美领域和审美方向，不同年龄层次和审美层次的参观者都能在作品中获得各异的体验。团队作品在美、英、法、中、日等较为发达的国家和城市展出，参观者都具有一定的文化素质和审美基础，能够很好地理解作品传达的艺术效果和价值观。而经团队市场调研分析确定的由儿童和家长组成的亲子参观客源是市场的主要部分，儿童数字娱乐项“ teamLab future park”就成了团队的主打产品，孩子在数字媒体艺术中不光是主动参观，而且是主动创造，实现团队合作，使教育的功能在无形中得到呈现。

(二)对博物馆公共教育空间设计的启示

1.中式美学复兴，在传统文化中加入新技术

中国五千年历史，博物馆内收藏的历史文物多属中式美学，展览的对象皆为古衣、古物、古器、古艺，囊括了中国的衣、闲、礼、雅、日常、工艺、匠心等。所以在进行博物馆空间设计的时候，不仅要考虑书画、玉石、古镜、古瓷、服饰、车马等器物之美，更要融入中华民族传统文化中的风物之美、人情之美，以及彼时的社会风貌和民俗民情。通过新技术的加入让参观者能够身临其境地感受传统文化和传统文化生活情趣，从而领略中华民族的智慧，窥见时代的变迁，起到博物馆教化于无形的作用。

为了复兴中式美学,对于设计团队的要求会更高,拥有前沿的新技术运用能力是最基本的需求,而后更重要的是必须拥有较为深厚的传统文化知识和底蕴,针对不同地区的传统文化和不同领域的博物馆展示能够有很好的辨别力,真正地体现匠心精神。而且中国地大物博,从南至北,由东往西超过5 000家博物馆,从国家博物馆、地方博物馆到私人博物馆,博物馆的展示和教育空间的设计要根据地域传统文化和项目主题进行因地制宜的设计和推敲打磨。不同的新媒体技术空间营造的文化气氛差异很大,带给人的情绪感受和感官体验也不尽相同。

2.色、声、香、味、触、法打造多维度交互体验

博物馆教育功能的开启需要充分调动参观者的感官体验,通过色、声、香、味、触、法(六尘)来引发参观者的眼识、耳识、鼻识、舌识、身识和意识(六识)。博物馆为参观者创造的物质世界其实就是和外部世界隔离开的一个境地:色乃眼所见,声乃耳所闻,香乃鼻所嗅,味乃舌所尝,触乃身所感,法乃意所知。怎么样正确地调动参观者的感官处理器,使参观者能够面对博物馆所想传递的独特的外部物质世界,从而产生正确的判断和应对。博物馆对所展示的对象和教育内容首先要以历史旁观者的态度和角度进行客观的展示,声和色的展示占据了博物馆展示内容的绝大部分,让香、味、触加入进来,需要根据展示内容进行更多的编排,比如景德镇的工业遗产博物馆就把不同时代的烧窑的材料装饰在墙面上,参观者可以亲手触摸带入情感,进入时代;当参观者完成博物馆参观之后,利用数字媒体交互技术把不同时代的陶瓷器型和相应时代的落款设计成配对游戏,通过这种形式增强六尘中法的调度。

3.超越物质世界的界限,打造全域博物馆教育空间新引擎

博物馆教育空间可以转变成一种虚实结合的空间,要打破物质世界的界限,具有非常强的可塑空间和延展空间。博物馆的教育空间应该把握在时间和空间这个四维时空中,一维的时间和三维的空间为物质世界提供了舞台,然后相互缠绕、突破和提升。一方面通过博物馆的一维时间展示增强文物的文化气质和线索关系,延长文物生命。另一方面,通过数字媒体技术的手法,全面展开三维空间的沉浸式

体验,如立体虚拟的3D数字技术依托数字立体虚拟技术,对比音效配合人左右眼的三维立体成像,增强受众观影的真实沉浸感,实现场景形式的“虚拟交错”,赋予环境场景更强烈的艺术感和体验感,将传统试听体验上升到层次分明、张弛有度、身临其境的视听感知。

4.组建专业人才梯队,寻找跨界合作模式

博物馆近十年来从重建筑设计到用蹩脚的交互,再到现在通过硬件革新真正实现了用户体验,很多博物馆开发了成功的文化内容和产品,进行品牌化、大众化营销传播,这些都离不开各专业人才的跨界合作。从物质空间来看,博物馆这个以文化体验为内核的教育空间综合体需要艺术家、设计师对建筑设计、空间设计、体验设计、服务设计的共同构建。而超越物质世界的界限,实现全域的博物馆教育空间的理想,更需要跨界到数学家、CG设计师、计算机工程师、数据库工程师、互动感应专家等去完成和更新博物馆的流动展品和流动的体验感。

二、美国博物馆

今天美国的数字博物馆建设工作,更多的是讨论怎样与更多的公众实现沟通,怎样更好地将博物馆的资源提供给公众。以下是一些美国的数字博物馆为了实现更好地与公众互动的目标而探索出来的新的应用。

(一)“播客”走进博物馆

“播客”是一种好用的数字博物馆新应用。播客,英文名“Podcast”,是一种有声的博客,是个体“录制”下来的类似短片的广播节目,通过网络发布并与广大的网友分享。当一个网友成为某个播客的粉丝,还可以订阅这个播客。通过“播客”,博物馆工作人员可以推广博物馆未来的展览和活动;可以吸引更多潜在群体加入“博物馆之友”的会籍;也可以为观众提供展览和活动背后更多的信息和资源,比如采访某个参展艺术家的录音,或者策展人对展览或某个问题的想法的介绍。

2011年年初,纽约大都会博物馆的网站上,推出了一个名为“联络”(Connections)的栏目。这个栏目具体的运作方式是,每期有一位博物馆的工作人员,选取某个主题或者一个小的、具有启发性的思考点，录制一段介绍这个想法的声音，并且配合图像连带介绍与这个主题或者思考点相关的博物馆部分馆藏。在推出以来，已经有诸如绿屋、手、西班牙、非洲、生存、微笑、诗、战争和冲突、首饰、光、理想女人、理想男人、黑、白、地图、田纳西、小物件等丰富的主题。这个栏目推出短短几个月，便受到了大量网友的追捧。网友们甚至在论坛或者其他社交网络上掀起关于某期的热烈讨论。

(二)丰富又有线索可寻的博物馆"资源"

博物馆自身所担负的社会功能决定数字博物馆并不仅仅是博物馆藏品的数字化，而是成为社会和个体寻求各种相关资源的重要来源。数字博物馆在完成基本的藏品数字化工作之后，应该更加注重把机构所拥有的馆藏等资源真正有效地提供给公众。此外，博物馆还可以选择重新整合自有的资源，同时包装成不同的包裹提供给公众，便于各种不同学习层次和身份的访问者了解更多的资讯。对此，美国的大都会博物馆在自己网站上设置了"艺术史时间表"(图 6-4)，这是一个可以从时间顺序、地理区域和主题探索三个不同的维度去探索世界艺术史的网络资源，在 2000 年由博物馆的策展人、藏品维护专家和教育家共同研究和完成。这个时间表于学生、学者、教师以及每个希望了解更多的人来说都是宝贵的资源。同时，时间表结合了大都会的馆藏，因此对于博物馆本身来说，也是一种潜在的推广与宣传。在这个艺术史时间表中，访问者可以使用包含了区域地图的"世界地图"功能来定位世界上与历史时间段相交叉的地理区域，并且通过点击选取来进入更多的资源页面；"时间表"是一个与"世界地图"相似，但是视觉效果不同的功能，它提供线性的艺术史发展脉络。这其中共有 300 条不同的时间表，并且都有相应的大都会馆藏和关键事件等相关内容；"主题论文"中到目前共收藏了 900 篇包括艺术运动和流派、考古发现、人类文明以及艺术家、媒介、概念等主题的文章，并与相应的时间表保持链接；"艺术品"包含了超过 6 000件大都会馆藏的资料，并提供相应的详细解说；"目录"则提供了 3 000 多部大都会博物馆的出版书目。

图 6-4　美国大都会博物馆网站设置的“艺术史时间表”

（三）网上商店——纽约现代艺术博物馆的成功案例

很多具有一定规模的博物馆都有自己的商店，出售雨伞、T 恤、文具、布袋、丝巾、首饰、工艺品，或者其他与博物馆展览和作品相关的各类产品。“互联网+博物馆商店”模式，将文化与新媒体传播技术完美融合，促进文化衍生品消费，构建安全、智慧、便捷的消费服务体系，实现为文化衍生品代言的重要责任。如今，很多数字博物馆也开设了网上商店的功能。开设网上商店，对博物馆来说最基本的前提就是能够为博物馆带来一定收益。博物馆网上商店的商品种类繁多，宏观上可分为实体商品和虚拟商品两大类。前者与博物馆实体商店的商品基本一致，而后者则是博物馆网上商店所特有的。各家博物馆网上商店通常根据自身商品构成特点，采用符合购买者认知习惯的主题分类，以方便查找与购买。

从美国美术馆馆长协会的 2007 年调查数据可以看到，几乎所有开设了网上商店的博物馆都是有正面收益的。无论是在现实中,还是在虚拟世界,纽约现代艺术博物馆的商店都可以说是最成功的一个。在2007年的美国美术馆馆长协会调查中,纽约现代艺术博物馆的网络商店营业额达到了惊人的5343000美元。除去成本和支出,仍然存在着巨大的利润。这对于只靠政府和社会支持、门票收入和餐厅等营业收入的非营利艺术机构来说,有着真切的现实意义。纽约现代艺术博物馆的网络商店获得这样的成功,除了本身的品牌效应,也在于真正地能够提供一些富有巧思的、制作精良的产品,这里面既有与知名设计师或艺术家合作完成的作品,也有纽约现代艺术博物馆独有的产品。此外,产品的丰富性也能够从很大程度上满足各类顾客的需求。在顾客服务上,商店也尽量做到细致和体贴。

(四)与年轻人更多的互动——通过社交网络、网上论坛和E-NEWS

如今,很多年轻人的业余时间都花在了网络上,MySpace、Facebook、Twitter、Flicker和视频网站YouTube等成了他们关注的热门。为了跟上潮流,美国博物馆们纷纷推出了自己的社交网络账号,并且通过社交网络"一传十、十传百"的优势,建立自己的网上关注群体。有关博物馆新的展览、教育课程或者特别活动,都能够在网上公众中被广而告之,并且引发关注和讨论。

尽管这些国外社交网站或视频网站在国内并不易被公众登录,但是国内近几年也出现了一些类似的网站,如开心网、人人网、校内网、优酷网、土豆网等。博物馆事实上完全可以通过这些网站,与更多的青年一代相联系,鼓励更多的年轻人走进博物馆。此外,数字博物馆还可以通过收集访问者或会员的邮箱,定期制作电子期刊发送。❶

三、加拿大博物馆

加拿大拥有2000多座博物馆,它们有的极具本土特色,有的又艺术范十足,还有的收藏颇丰,让人流连忘返。

❶ 张翰予.数字博物馆新应用——美国的案例[C]//北京市科学技术协会信息中心,北京数字科普协会.创意科技助力数字博物馆.北京:中国传媒大学出版社,2011:184-188.

在加拿大,几乎每一个博物馆都有供观众使用的多媒体互动装置。在魁北克文明博物馆中,观众可以躺着观看投射在天花板上的影片,也可以用手触摸巨大投影中的画面来进行交互,还可以聆听加拿大名人的声音。同样是静止照片的陈列,安排特殊的灯光,效果就不一样;石头块裂缝里可以出现灯光;用树枝做成猎人射箭状;摇动手柄可以将地图呈现出立体状;两个演员、一架钢琴、一个熨衣服的小桌,便可以在博物馆的大厅里演《卡门》。

渥太华自然博物馆的动物标本做得特别精致,标本四周放上了相关内容的触摸屏。在与观众的互动环节中,有关的装置让人认识鸟的羽毛、鸟的歌唱、四季的候鸟等。

多伦多安大略科学中心布置了一个"变废为宝"的动手中心,孩子们可以在这里将废弃物变为艺术品。机器会对孩子的脸部拍照,然后推算出孩子的年龄。

魁北克市法国人在美洲博物馆的投影设备编制得十分紧凑,圆型展厅中东边的讲话录像刚落,两边的讲话录像又紧接着开始,使观众有应接不暇的感觉。魁北克皇家广场博物馆有一个小小的立体电影院,需要戴眼镜观看。影片的内容是纪念法国探险家尚普兰于1608年创建魁北克地区400年,尚普兰事迹的叙述是通过一个女画家要创作尚普兰的肖像画而展开的。影片结束之后,全场一片黑暗,突然一束亮光投射在电影院的墙面上,墙面上挂着的正是这位女画家创作的尚普兰肖像画作。[1]

2017年11月,加拿大科技馆新馆建成开馆。作为加拿大同类科技馆里最大的,加拿大科技馆通过收集不同类型科学展品完成它的使命,使这里有永久性的、暂时的旅行展览,以及特殊的事件,这里还举办学校项目和研讨会。在这座设计很现代的建筑里,可以让游客亲身体验科学家的新鲜技术和科学知识,这里展示海洋和陆地运输、展示通信、空间、计算机技术以及许多独特的技术项目。同样,科学和技术的力量在这里可以改变加拿大和加拿大人的生活。加拿大科技馆新馆有一个高交互性展览,探讨技术创新如何改变了世界的视频游戏。游

[1] 张骏.加拿大东部博物馆的展陈设计[C]//北京市科学技术协会信息中心,北京数字科普协会.创意科技助力数字博物馆.北京:中国传媒大学出版社,2011:184-188.

客亲手打17场比赛,大大改变了游戏体验,包括吃豆人、超级马里奥兄弟、俄罗斯方块、愤怒的小鸟、太空入侵者等。游戏改变者展览介绍了120年里历史上最具影响力的游戏。展览探索了音频的发展历程,故事、图形和游戏方式创造了今天沉浸式环境的视频游戏。疯狂的厨房是博物馆里最初的互动体验,可以追溯到1967年第一次打开门。今天,重新变身,并保持最初的内部观感。而疯狂的厨房是新的展览主要焦点,疯狂的厨房+,现在包括额外的互动体验认知加幻想。在这个有趣的空间,游客会发现他们的感觉和大脑如何愚弄他们。博物馆里的声音设计展示过去150年里令人兴奋的技术创新:从早期科学仪器用于研究声音,标志性的声音技术影响我们如何听音乐,电子设备帮助人们以新方式创造音乐。游客将接近一些最令人印象深刻的展品,在博物馆的声音集合里探索一个身临其境的音景效果,一个超大型的记录设备,经过安静的立方体,一个个房间专门设计来消除回声。

第二节　数字媒体技术下国内博物馆公共教育实践与分析

一、北京故宫博物院

故宫人一直在努力运用数字技术让藏在禁宫中的文物“活”起来(图6-5)。自20世纪末,故宫博物院就开始了“数字故宫”的构想与建设。2012年,数字故宫建设全面展开。数字文化展示从点到面为观众提供文化欣赏的新体验;内部管理系统从文物、古建的保护到日常行政工作的管理全面发挥着作用;资源数据平台的数据采集水平在总结以往拍摄经验的基础上得到进一步的提升;信息系统等级保护评测完成了等级保护定级备案,为系统安全提供了保障。

图 6-5 虚拟技术让禁宫中的文物“活”起来

(一)虚拟现实技术的应用

故宫文化资产数字化应用研究所(简称数研所)自 2003 年开始就进行虚拟现实(VR)技术应用研究,先后完成 4 部故宫题材的 VR 作品:《紫禁城 · 天子的宫殿》之太和殿、《紫禁城 · 天子的宫殿》之三大殿、《紫禁城 · 天子的宫殿》之养心殿、《紫禁城 · 天子的宫殿》之倦勤斋。随着数研所对该技术应用研究的不断深入,每一部作品所表现的外在表象越来越接近真实,反映的文化内涵也越来越深入。下面就以这 4 部作品为例进行具体分析。

1.利用虚拟现实技术还原文化遗产地的外在表象

利用 VR 技术,在具有沉浸式、交互式特点的数字视觉环境内,运用现实环境中很难实现的视角,给观众展示高度拟真的宫殿建筑,使观众在头脑中形成具有明显故宫外在特点的直观形象。这就是故宫 VR 作品还原文化遗产地外在表象的方式,4 部 VR 作品的开发也正是遵循这点展开的。

(1)“紫禁城”全貌的虚拟再现——单纯的表象还原。

2003 年 10 月,故宫数研所正式对外发布了第 1 部 VR 作品《紫禁城 · 天子的宫殿》之太和殿,作品将视角集中在由天安门一直到太和殿的前朝范围。为了确保能够实现故宫的表象价值,给观众造成强烈的视觉印象,馆方尝试制作还原了整个紫禁城的全貌。在基于故宫平面图的基础上,将各个单独制作的建筑三维模型整合在同一坐标系内。并采用空中俯瞰的视角,将整个紫禁城三维场景在高 4.2 米、长 13 米的环幕上进行演示。俯瞰紫禁城全景(图 6-6)的视角在现实中很难观看到,因此,这一场景画面给每位观众都留下了深刻印象,成功进行了一次故宫表象的完整塑造。

图 6-6 虚拟现实俯瞰紫禁城全景

此外,馆方还利用 VR 技术详细展示大殿内的环境,从另一角度来加深观众的视觉印象。

(2)数字搭建“三大殿”——内涵表达的初步尝试。

2005 年 9 月发布的《紫禁城 · 天子的宫殿》之三大殿,利用了 VR 技术特点,在第一部作品的基础上,增加了中和殿、保和殿的内景三维模型,完整再现了整个三大殿的 VR 场景。该作品还以崭新的视角呈现了保和殿北面的云龙御路石雕(图 6-7)。这块近 17 米长的石雕是用一整块汉白玉雕刻而成,是紫禁城中最大的一块。参观者只能由石雕两侧的通道经过,无法正面俯视石雕观看完整的云龙图案。而通过VR技术,我们将其真实再现,令观看者享受视觉震撼的同时更直观地获得文化遗产地的外在表象。

图6-7 紫禁城的云龙御路石雕

此外,馆方还通过VR技术将中和殿大木结构及斗拱的搭建过程完整再现,来帮助观众了解宫殿建筑背后所包含的精湛工艺。

2.利用虚拟现实技术实现文化遗产地的内涵表达

为了能够充分表现故宫所承载的丰富文化内涵,馆方利用VR技术的特点,将文化遗产地所反映的思想文化进行具象化,配合动画、解说等后期效果,带给观众一次超越视觉感受的文化体验。从“三希堂”到“垂帘听政”,熟练利用VR技术深入表达内涵。

在养心殿内的三希堂中,乾隆皇帝将他最喜爱的三幅书法珍品《中秋帖》《伯远帖》和《快雪时晴帖》藏于此处,供其欣赏。乾隆皇帝除了自身对书法的喜爱之外,在此处珍藏此三幅汉人所书珍品,也是在示意天下,其对汉人文化的尊重与喜爱,借此希望能够宣扬满汉融汇,来稳固江山。在“养心殿”作品中,馆方设计了将三幅书法珍品的三维数据放到虚拟“三希堂”中,重现了乾隆皇帝在此赏鉴字帖的情景,并配以解说,将其内在的“希贤、希圣、希天”的文化思想深入浅出地展现在观众面前。重现清代鼎盛的乾隆时期三希堂所承载的帝王文化生活,使观众产生很强的代入感。

3.乾隆的“江南梦境”——利用 VR 技术实现皇帝心境的具象化

乾隆皇帝在他执政鼎盛的时期,就已经设计好自己颐养天年的地方,这就是第四部 VR 作品所表现的主题“倦勤斋”(图 6-8)。这个场所里面包含了乾隆皇帝作为一个普通人,抛开权力统治之外的另一种思想境界。乾隆在位期间六次南巡江南,南方美景深深地印入其脑海,以至于倦勤斋的内部装修也极具南方特色。其中西侧戏台的装修最具特点,室内通景画大贴落中绘制的亭台楼阁、山水花卉与室外的假山花园形成一体,亦假亦真地勾画出乾隆皇帝的江南庭院。馆方也正是利用了这点,运用 VR 技术将整个通景画中的满园春色全部三维再现,使观众能够看到乾隆皇帝的心境所想,并置身其中,畅游乾隆皇帝所向往的“万年尊养之所”,体会他归政隐于山水“耄期倦于勤”的人生感悟。[1]

图 6-8 故宫博物院倦勤斋虚拟展厅

(二)数字媒体传播环境下北京故宫藏绘画艺术的展示方式分析

在数字媒体环境下,故宫与时俱进,对馆藏绘画作品的展示传播方式进行了新

[1] 吕晓刚.从文化遗产地的表象还原到内涵表达——浅析故宫博物院虚拟现实技术应用的发展[C]//北京市科学技术协会信息中心,北京数字科普协会.创意科技助力数字博物馆.北京:中国传媒大学出版社,2011:191-194.

的调整,应用了当代新的媒体技术产生了新的展示传播方式。

1.数字影像式

数字影像技术是数字与艺术结合的产物,它包括电脑动画、影视广告、网络游戏、虚拟现实、网络艺术、数字摄影、数字视频、影视特级特效等。数字影像式展示类型,主要是指展示内容为影像式,信息传播方式为单向的传播形态。观众不能参与,仅能接收信息的这类数字展示形态。影片拍摄、数字后期制作、动画片等以观众视觉欣赏为主要形式的展示都可划分为这一类型。这一类型的特点是展示形态技术成熟,大众普及度高,便于在各种类型的展示场所活动现场应用,这种类型也便于电视以及网络传播。2014 年,网络上热传了一组由题为雍正感觉自己萌萌哒的图片,受到广大网友的欢迎。下面就以《雍正行乐图》(图 6–9)为例进行分析。

图 6–9　《雍正行乐图》动态版截图

《雍正行乐图》创作于清代,画作记录了政务之外雍正的业余爱好和生活日常。雍正帝在位期间,勤于政事,自诩"以勤先天下""朝乾夕惕"。众多资料记载,雍正帝性格多疑、为人狠辣,是终日忙于政务而严肃的形象。故宫通过运用数字媒体传播方式对《雍正行乐图》实现数字影像式的传播,让大众一改对雍正严肃、多疑的刻板印象,通过更加活泼、轻松的反差方式了解这组作品中的画面内容,让观众对书中认识的、遥不可及的皇宫有了亲近之感。用小细节引导观众主动去探求行乐图的相关知识,比如雍正的性格、爱好等,还引发了一系列有关雍正皇帝的表情包、动图在社交媒体中的广泛流传。《雍正行乐图》动态版打破了观众对于故宫馆藏绘画艺术的仰望感,在一定程度上消除了大众与艺术之间的距离。同时,还使故宫馆藏绘画艺术的受众群体年轻化,让更多年轻一代了解我国优秀的传统绘画艺术。

2.触控交互式

故宫用数字媒体技术与古典建筑融合的方式,用一种体验式、沉浸式的交互手段来讲述它的前世今生,是人们推开中国古典文化的大门。在端门数字馆中,触控交互式成为主要应用的数字媒体技术之一。

端门,是观众参观故宫博物院的第一站,是首个将整座文物级别的古代建筑与前沿的数字技术有机结合的展馆。端门数字馆(图 6-10)坐落在传统建筑中的新型数字展厅,是一个全面运用数字技术,全部由故宫文物数字化虚拟形态构成的文化遗产互动展示空间,旨在让观众运用最短时间了解故宫的基本信息。在展览设计方面,故宫运用先进的数字媒体技术,打破了各个展馆之间的距离限制,实现了将多样的、代表性的展品在同一空间集中展示。

图 6-10　端门数字馆展览海报

3.手持终端交互式

手持终端交互式主要借助于智能手机、平板电脑等设备,基于 iOS、安卓或其他平台开发的程序实现互动数字媒体传播方式。主要借助各类程序平台实现这类交互展示形式,如 App、微信等。2013 年,北京故宫推出的首个 App《胤禛美人图》,首次将我国传统绘画艺术与数字技术结合的产品,引起广泛关注。2015 年,故宫出品《韩熙载夜宴图》App。该 App 分为听乐、观舞、暂歇、清吹以及散宴这五个段落,以"连环画"的构图叙事形式去表现各个情节,并最大限度地保持了原作本身的特点。为了让用户拥有更直观的视听体验,App 内还融入了语音、文字以及视频等媒体信息。《韩熙载夜宴图》App 运用高清呈像,一幅画可被远观、可被近赏,角度完全由观众的手指决定,这就好似在博物馆实体赏画时,凑近身子,近观细节,放大局部,家伎发髻上的珠钗饰品、衣袖上的图案纹理乃至家具上的雕刻花纹都清晰可见。除了文字与配乐,最好玩的演绎其实是个别场景中的"真人"入画的创新,指尖触碰时,忽然之间画中人"活"了起来,换上了与画面极其类似的衣裳,演奏书中的乐器,让观众沉浸在画作中所要表达的热闹景象之中。❶

二、台北故宫博物院

台北故宫自 2002 年至 2012 年间执行"数字典藏(Digital Archives)"计划,藏品需逐一提件、拍摄,而文物需经专业人员考证,并撰写文字描述。以主题来看,台北故宫典藏以华夏文物为主要特色,除了源自北京故宫博物院、南京博物院(原中央博物院)旧藏,也通过其他机关移交、外界捐购、收购征集等方式持续收存,目前数量超过 69 万件,种类繁多。以文物保存管理的权责来看,可分为器物、书画、图书文献等三个类别,以及为顺应 2015 年底位于台湾嘉义县的"故宫"南部院区启用,以亚洲艺术文化为主题的文物类别。

台北故宫于 2000 年至 2007 年,亦曾以每年约二三个主题的进度,制作线上展览网站,称为"数字博物馆(Digital Museum)",主要包括器物、书画、图书文献、当期

❶ 赵楠.北京故宫藏绘画艺术的数字媒体传播方式研究[D].北京:北京服装学院,2018.

特展等类别,以媒体设计来看,数字博物馆属于"主题导向"。

由于许多观众在到访台北故宫之前,除少数的热门展件,对其他馆藏并不熟悉,而教师一般在办理校外教学参观之前,也需要对故宫的展览有一定的认知,才能适当引导学生进行观赏。因此,台北故宫于 2002 年至 2006 年,以每年约一两个主题的进度,规划制作一系列的数字教材,目的在于提供给中学以上程度、或对中国历史有一定基础的学习者,在参观前可先阅览与其相关的教材,以此建立其对文物的基本认识,进而在参观时能有更深度的学习体验。此外,对于低年龄层的学习者,则可通过教师或家长的指导,通过教材内丰富而易懂的动画演示,理解教材内容,建立对历史文物的基本认识以及欣赏文物的态度和方法。

台北故宫也曾与台北市中仑高中开展实验计划,将图书馆的一半空间重新整理,设计一个以"清明上河图"为主题的创新教学计划,将原图放大为 42 米长的大图,让学生以平板电脑为工具,自主学习,由教师的问题引导上网阅读,通过网站教学系统的讨论区进行互动、上传报告等。而各科教师都可以运用这个创新的图书馆教育空间,安排多元化的协同学习单元,进行参观前预习、参观时导览、参观后复习及延伸阅读等各个学习阶段的设计。通过引导学生以"行动式学习"模式来学习,真正落实"学生主导、教师协助"的教学模式。

时至今日,无论各种新式技术、新式媒体等如何不断地推陈出新,各馆所持续关注的焦点始终在于建设丰富的"展览"与"典藏"资料。若将博物馆网站视为教育媒体,让观众能克服时空限制,随时随地地取得相关的教育资源的"内容",是最优先、最关键的事情。而媒体的"形式",主要在于搭配使用各种新式多媒体技术,让典藏品得以多样化呈现,另外,也陆续有馆所投入发展社交媒体、移动媒体等,其目的即在于以不同渠道接触不同的学习者。[1] 由此,台北故宫的教育媒体增强开放学习环境的实践值得借鉴。

---

[1] 赖鼎陞.台北"故宫博物院"教育媒体增强开放学习环境的实践[J].开放学习研究,2016(5):28-36.

参考文献

[1] 《国家文物局关于将博物馆纳入国民教育体系的调研报告》(内部资料),2010.

[2] 陈薇莉.博物馆与社会[C]//浙江省博物馆学会.浙江省博物馆学会2004年学术研讨会文集.杭州:浙江省博物馆学会,2004:11-15.

[3] 陈滢.欧美博物馆的青少年教育[M].广州艺术博物院年鉴,2006.

[4] 单霁翔.博物馆的社会责任与社会教育[J].东南文化,2010(6):9-16.

[5] 邓曦.博物馆非物质文化遗产的保护与传承策略探究[J].卷宗,2019(26):156.

[6] 段勇.美国博物馆的公共教育与公共服务[J].中国博物馆,2004(2):90-95.

[7] 高翠.英国博物馆的社会教育[N].中国文物报,2012-02-03.

[8] 杭富艳.现代博物馆的教育理念和实践之初探[J].中国民族博览,2016(11):216-217,219.

[9] 何宏.闭馆背景下博物馆公众教育的实践与思考[EB/OL].(2020-04-21)[2020-07-10].http://cul.china.com.cn/2020-04/21/content_41128749.htm.

[10] 侯越.试论博物馆的公共教育职能[J].大众文艺,2016(12):56-57.

[11] 黄琛.对中国博物馆社会教育专业发展的两点思考[N].中国文物报,2017-09-12.

[12] 黄燕.博物馆与教育超级连接[EB/OL].(2018-05-18)(2020-07-10).http://www.jyb.cn/zgjyb/201805/t20180518_1078250.html.

[13] 蒋臻颖.我国博物馆学前儿童教育问题探析:以史密森早教中心为例[J].博物馆研究,2015(2):3-8.

[14] 孔利宁.日本博物馆的青少年教育[C]//郭俊英,成建正.科学发展观与博物馆教育学术研讨会论文集.西安:陕西人民出版社,2007:218.

[15] 赖鼎陞.台北“故宫博物院”教育媒体增强开放学习环境的实践[J].开放学习研究,2016(5):28-36.

[16] 廖怡萱.新媒体技术在博物馆展陈空间中的价值体现及艺术表达[D].北京:北京服装学院,2019.

[17] 林健.从美国博物馆观众教育谈起[N].文物报,2008-04-02.

[18] 刘佳.云计算和大数据在博物馆的应用前景[C]//北京数字科普协会.数字博物馆发展新趋势.北京:中国传媒大学出版社,2014:254-259.

[19] 刘宁星.关于博物馆开发少儿移动应用的调研和思考[C]//北京数字科普协会.数字博物馆发展新趋势.北京:中国传媒大学出版社,2014:223-226.

[20] 刘莹.面向儿童用户的传统文化教育类移动应用分析[J].艺术与设计(理论),2017(6):76-78.

[21] 吕晓刚.从文化遗产地的表象还原到内涵表达——浅析故宫博物院虚拟现实技术应用的发展[C]//北京市科学技术协会信息中心,北京数字科普协会.创意科技助力数字博物馆.北京:中国传媒大学出版社,2011:191-194.

[22] 马文娇.博物馆对非物质文化遗产的保护[J].文物鉴定与鉴赏,2018(2):94-95.

[23] 缪文靖,忻歌,吴国瑛,等.荷兰、德国博物馆运行及发展研究[J].科学教育与博物馆,2016(4):297-302.

[24] 聂安娜.新媒体视域下的博物馆数字化发展略论[J].卷宗,2018(6):1.

[25] 潘力,刘剑平.文博创造力:高校博物馆理论与实践[M].北京:中国传媒大学出版社,2018.

[26] 潘志庚,方贤勇,徐丹,等.基于图像的技术在数字博物馆中的应用[C]//中

国博物馆学会博物馆数字化专业委员会.中国博物馆学会博物馆数字化专业委员会成立大会暨首届学术研讨会论文集.北京:北京燕山出版社,2006:197-201.

[27] 钱文忠,宁刚.浅谈中国农业博物馆陈列中数字技术的应用[C]//北京市科学技术协会信息中心,北京数字科普协会.创意科技助力数字博物馆.北京:中国传媒大学出版社,2011:279-281.

[28] 钱雪元.美国的科技博物馆和科学教育[J].科普研究,2007(4):21-28,77.

[29] 沈晨霞.博物馆智能的延伸[C]//浙江省博物馆学会.浙江省博物馆学会2006年学术研讨会文集.杭州:浙江省博物馆学会,2006:133-135.

[30] 视觉文化.数字博物馆概念及国外数字博物馆发展历程[EB/OL].(2015-4-3)[2020-07-10].http://media.njit.edu.cn/info/1001/1465.htm.

[31] 宋向光.博物馆服务要关注观众的核心需求[N].中国文物报,2007-01-26.

[32] 孙春福.英国中小学教育考察散记[J].教育科研论坛,2005(1):74-76.

[33] 孙丽芳.维基模式对虚拟博物馆的发展影响[C]//北京市科学技术协会信息中心,北京数字科普协会.创意科技助力数字博物馆.北京:中国传媒大学出版社,2011:285-288.

[34] 孙玉伟.博物馆公共教育队伍建设的思考[J].河北青年管理干部学院学报,2018(4):111-113.

[35] 谭旭东.阅读指向电子媒介的图像革命使儿童成人化,成人儿童化电视文化破坏童年生态[EB/OL].(2005-06-12)[2020-07-13].http://zqb.cyol.com/content/2005-06/12/content_1129240.htm.

[36] 唐迎菲.浅谈数字博物馆概念、特征及其发展模式探析[J].中国民族博览,2016(6):216-217.

[37] 王宏钧.中国博物馆学基础[M].上海:上海古籍出版社,2001:65.

[38] 王作.浅谈博物馆与非物质文化遗产保护[J].文物鉴定与鉴赏,2018(17):142-144.

[39] 韦坚.法国博物馆的儿童教育[N].中国文物报,2012-01-02.

[40] 韦立立,杨岭."跨界"合作:博物馆展示理念的创新[J].自然科学博物馆研究,2016(4):73-78.

[41] 温兴权.智慧博物馆——数字博物馆发展新趋势刍议[J].大众文艺,2018(11):52-53.

[42] 吴晓欧,郑金鹏,肖湾.中国博物馆公共教育中的美育历程[J].中国民族博览,2017(2):229-231.

[43] 吴月.数字化技术在历史博物馆中的应用[J].中文信息,2016(12).

[44] 武健.移动智能终端在博物馆中的应用前景浅析[C]//北京数字科普协会.数字博物馆发展新趋势.北京:中国传媒大学出版社,2014:260-262.

[45] 谢颖.美国博物馆联盟探索教育新模式[N].中国文化报,2014-07-08.

[46] 熊瑛.欧洲博物馆的公共美术教育——以荷兰国家博物馆为例[J].中国美术馆,2013(10):103-107.

[47] 徐士进,董少春.数字博物馆概论[M].上海:上海科学技术出版社,2007.

[48] 徐毅斐.现在,如何做未来的教育?[EB/OL].(2013-07-31)[2020-07-13].https://36kr.com/p/1641711009793.

[49] 严圣禾.日本博物馆努力贴近民众[N].光明日报,2007-05-27.

[50] 杨应时.艺术博物馆的教育资源初探——以中国美术馆的公共教育探索为例[J].中国美术馆,2014(1):18-22.

[51] 翟宏英.中外科技博物馆智能互动式展览比较研究[J].知识管理论坛(网络版),2019(2):110-120.

[52] 张翰予.数字博物馆新应用——美国的案例[C]//北京市科学技术协会信息中心,北京数字科普协会.创意科技助力数字博物馆.北京:中国传媒大学出版社,2011:184-188.

[53] 张骏.加拿大东部博物馆的展陈设计[C]//北京市科学技术协会信息中心,北京数字科普协会.创意科技助力数字博物馆.北京:中国传媒大学出版社,2011:184-188.

[54] 张韶伟.智慧博物馆——数字博物馆发展新趋势[J].文化创新比较研究,

2017(17):101-102.

[55] 张叶.室内地理定位激活 O2O[J].中国药店,2013(5):78.

[56] 张颖岚.博物馆公众教育的梳理探究[EB/OL].(2015-04-27)[2020-07-01]. http://www. czmuseum. com/wx/qdefault. php? mod = article&do = detail&tid = 13187.

[57] 赵楠.北京故宫藏绘画艺术的数字媒体传播方式研究[D].北京:北京服装学院,2018.

[58] 赵延秋.博物馆公共教育模式研究[J].产业与科技论坛,2013(9):90-91.

[59] 郑勤砚.美术馆公共教育的反思:兼谈美国艺术博物馆的教育经验[J].美术观察,2011(2):18-19.

[60] 郑奕.博物馆教育活动研究[M].上海:复旦大学出版社,2015.

[61] 郑智.博物馆教育漫谈[C]//北京博物馆学会.北京博物馆学会第四届学术会议论文集.北京:北京燕山出版社,2004:540-546.

[62] 中国美术馆."为教育的艺术空间"中美艺术博物馆教育研讨会将在京举办[EB/OL].(2008-06-13)[2020-07-10].http://www.namoc.org/xwzx/xw/2008/200806/t20080613_175713.htm.

[63] 钟叔河.走向世界丛书[M].长沙:岳麓书院,1985.

[64] 周璟瑜.增强现实技术在博物馆教育中的应用研究[J].自然科学博物馆研究,2017(A2):99-103.

[65] 朱烨青,王云庆.数字化传承视域下非物质文化遗产保护的问题及展望[J].人文天下,2019(17):55-59.

[66] 朱中一.基于 Wi-Fi 的室内定位技术在博物馆的应用[J].软件产业与工程,2013(3):38-41.

[67] 卓小利,赵欣如,肖雯,等.基于 Wiki 技术的动物数字博物馆互动栏目的开发及应用[C]//北京市科学技术协会信息中心,北京数字科普协会.创意科技助力数字博物馆.北京:中国传媒大学出版社,2011:320-325.

[68] [美]修·杰诺威斯,琳恩·爱尔兰.博物馆行政[M].林洁盈,译.(台湾)南

投:五观艺术事业有限公司,2007.

[69] [英]LANG C.博物馆社区教育活动的设计[C].陈力子,译.//郭俊英,王芳.博物馆:以教育为圆心的文化乐园.广州:暨南大学出版社,2011:87-97.

[70] [英]简·基德.新媒体环境中的博物馆:跨媒体、参与及伦理[M].胡芳,译.上海:上海科技教育出版社,2017.

[71] pjtime资讯组.平达打造儿童博物馆数字照片树[EB/OL].(2016-03-21)[2020-07-12].http://www.pjtime.com/2016/3/312124658327.shtml.

[72] 天津林泉世纪实业集团.博物馆里的互动体验装置:黑科技使博物馆更加有趣好玩[EB/OL].(2018-08-24)[2020-09-02].https://www.sohu.com/a/249745679_172273.